X

X

ÉLÉMENTS

DE LA

GRAMMAIRE FRANÇAISE,

D'APRÈS LES PRINCIPES

DE LHOMOND,

Par A. C., Membre de l'Instruction publique.

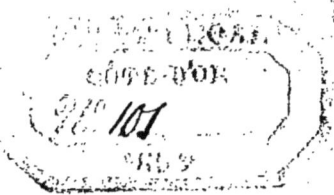

A CHATILLON-SUR-SEINE

(Côte-d'Or),

CHEZ F. LEBEUF, IMPRIMEUR-LIBRAIRE.

—

1852.

Propriété de l'éditeur.

C.

Imp. de F. LEBEUF, à Châtillon-sur-Seine.

ÉLÉMENTS

DE LA

GRAMMAIRE FRANÇAISE.

INTRODUCTION.

La GRAMMAIRE apprend à parler et à écrire correctement, c'est-à-dire d'une manière conforme à l'usage général.

Les mots que l'on emploie pour écrire sont composés de lettres.

L'alphabet français comprend vingt-cinq lettres, dont six sont appelées *voyelles*, et les dix-neuf autres *consonnes*.

Les voyelles sont : *a, e, i, o, u, y.*

Les consonnes sont : *b, c, d, f, g, h, j, k, l, m, n, p, q, r, s, t, v, x, z.*

Il y a plusieurs sortes d'*e* : l'*e* fermé, l'*e* ouvert et l'*e* muet ; ces trois sortes d'*e* se trouvent réunis dans le mot *sévère.*

L'*y* s'emploie pour deux *i*, comme dans *pays, citoyen.*

Il y a trois sortes d'*accents* : 1° L'accent aigu (´) qui se met sur les *e* fermés, comme dans *bonté.*

2° L'accent grave (`) qui se met sur l'*e* ouvert et sur quelques autres voyelles, comme dans *succès*, *à*, *là*, *où.*

3° L'accent circonflexe (^) qui se met sur la plupart des voyelles longues, comme dans *tempête, apôtre.*

Les *signes orthographiques* sont : l'*apostrophe*, la *cédille*, le *tréma* et le *trait d'union.*

1° L'*apostrophe* (') marque la suppression d'une voyelle, comme dans l'*honneur*, on m'*estime.*

2° La *cédille* (¸) donne au *c* le son de l's devant *a*, *o*, *u*, comme dans *caleçon, aperçu.*

3º Le *tréma* (··) indique que la voyelle où il se trouve doit se prononcer séparément de la voyelle qui précède, comme dans *naïf, contiguë, il m'a haï.*

4º Le *trait d'union* (-) sert à lier plusieurs mots entre eux, comme dans ce *moment-ci, applique-toi, belle-sœur.*

Il y a en français dix espèces de mots, qu'on appelle les *parties du discours.* Ce sont : le *Nom* ou *Substantif,* l'*Article,* l'*Adjectif,* le *Pronom,* le *Verbe,* le *Participe,* l'*Adverbe,* la *Préposition,* la *Conjonction* et l'*Interjection.*

CHAPITRE PREMIER.

LE NOM OU SUBSTANTIF.

Le Nom est un mot qui sert à nommer une personne ou une chose, comme *Alexandre, habit, couteau* ([1]).

Il y a deux sortes de noms : le nom *commun* et le nom *propre.*

Le nom commun est celui qui convient à toutes les personnes ou à toutes les choses de même espèce.

Homme, maison sont des noms communs, car le mot *homme* convient à tous les hommes, et *maison* convient à toutes les maisons.

Le nom *propre* est celui qui ne convient le plus souvent qu'à une seule personne ou à une seule chose, comme *Auguste, Paris, Châtillon,* etc.

Il y a dans les noms deux genres : le *masculin* et le *féminin.* Les noms devant lesquels on met *un* ou *le,* sont du genre masculin, comme *un* canif, *le* hameau. Les noms devant lesquels on met *une* ou *la,* sont du genre féminin, comme *une* église, *la* honte.

Les noms ont aussi deux nombres : le *singulier* et le *pluriel.*

([1]) Nous préférons les définitions incomplètes, mais claires, aux définitions exactes, mais obscures ou trop peu compréhensibles pour les enfants.

Les noms sont du singulier, quand ils ne désignent qu'une seule personne ou qu'une seule chose, comme *un soldat, la mairie*. Ils sont du pluriel, quand ils désignent plusieurs personnes ou plusieurs choses, comme *des soldats, les mairies*.

Formation du pluriel dans les Noms.

RÈGLE GÉNÉRALE. Pour former le pluriel dans les noms, ajoutez une s à la fin du nom : un *hareng*, des *harengs ;* une *écrevisse*, des *écrevisses*.

PREMIÈRE EXCEPTION. Les noms terminés au singulier par s, x, z, ne changent pas au pluriel : une *croix*, des *croix ;* un *puits*, des *puits ;* un *nez*, des *nez*, etc.

DEUXIÈME EXCEPTION. Les noms terminés au singulier par eu, au, prennent x au pluriel : un *neveu*, des *neveux ;* un *troupeau*, des *troupeaux*, etc.

TROISIÈME EXCEPTION. Les noms terminés au singulier par al, ail, font ordinairement leur pluriel en aux. Un *maréchal*, des *maréchaux ;* un *bocal*, des *bocaux ;* le *travail*, les *travaux*, etc. Il y en a qui suivent la règle générale ; on les apprend par l'usage.

Bétail fait au pluriel *bestiaux*. *Ail* a deux pluriels, *ails* et *aulx*. Il mange des *aulx* ou des *ails*, et mieux de l'*ail*.

OEil fait *yeux* quand on parle des yeux de l'homme, des animaux, ou de choses qui ressemblent aux yeux. On dit : les *yeux* de la soupe, du fromage.

Les noms en ou prennent une s au pluriel : un *filou*, des *filous ;* un *sou*, des *sous*, etc., excepté *caillou, genou, bijou, chou*, etc., qui prennent un x : un *caillou*, des *cailloux*, etc.

Les noms propres ne prennent point ordinairement la marque du pluriel, et ils commencent par une lettre majuscule : *Pierre, Paris, Dijon*, etc.

CHAPITRE II.

L'ARTICLE.

L'ARTICLE est un mot qui se place ordinairement devant les noms, et qui en fait connaître souvent le genre et le nombre : *le soleil, la lune, les étoiles*.

Le se met devant un nom masculin singulier : *le soleil* ; *la* devant un nom singulier féminin : *la lune* ; *les* se met devant tous les noms pluriels, *masculins* ou *féminins* : *les hommes, les femmes.*

Les autres articles, dits contractés, son *du* et *au* pour le singulier, et *des*, *aux* pour le pluriel.

Exemples. La bonté *du* Créateur. La beauté *des* cieux. Se plaire *au* travail. Aller *aux* offices (¹).

Remarque. On dit *l'animal* pour *le animal, l'histoire* pour *la histoire.* Le retranchement des lettres *e* et *a* s'appelle *élision.* Et l'on dit au pluriel *les animaux, les histoires*, comme s'il y avait les *zaninaux,* les *zhistoires* : c'est ce que l'on appelle faire *la liaison.* Quand l'élision et la liaison doivent se faire ainsi, on dit que l'*h* est *muette.*
Mais il faut dire sans élision : *le hameau, la hache* ; et au pluriel sans liaison : *les hameaux, les haches.* Quand l'élision et la liaison ne doivent pas se faire ainsi, on dit que l'*h* est *aspirée.*
Dites de même : *le hangar, les hangars* ; *un hareng, des harengs ;* *le hasard, les hasards* ; *un hurlement, des hurlements* ; *un haricot,* *des haricots* ; *la hotte, les hottes* ; *un hameau, des hameaux* ; *un hanneton, des hannetons*, etc.

(¹) Nous omettons ce qui est purement théorique ou qui ne servira point plus tard pour l'application de quelque règle grammaticale.

CHAPITRE III.

L'ADJECTIF.

L'adjectif est un mot qui qualifie ou détermine le nom.

Il y a donc deux classes d'adjectifs : les *qualificatifs* et les *déterminatifs.*

Les adjectifs *qualificatifs* se joignent aux noms pour marquer la qualité, la manière d'être des personnes ou des choses, comme des élèves *laborieux*, des mains *malpropres.* Les mots *laborieux* et *malpropres* sont des adjectifs *qualificatifs.*

Formation du féminin dans les Adjectifs.

Quand un adjectif ne finit pas par un *e* muet, on ajoute un pour former le féminin : *sur, sûre, vrai, vraie; noir, noire; secret, secrète; bleu, bleue;* et non pas *bleuse,* etc.

EXCEPTIONS. On forme le féminin des adjectifs suivants en doublant la dernière consonne et en ajoutant un e muet.

Masculin	Féminin	Masculin	Féminin
Cruel,	Cruelle.	Ancien,	Ancienne.
Pareil,	Pareille.	Paysan,	Paysanne.
Gros,	Grosse.	Sot,	Sotte.
Nul,	Nulle.	Epais,	Epaisse.

Beau, nouveau, font au féminin *belle, nouvelle,* parce qu'ils font aussi au masculin *bel, nouvel,* devant une voyelle ou une h muette : un bel huilier, un nouvel escalier.

Jumeau fait *jumelle* au féminin. Deux frères *jumeaux,* deux sœurs *jumelles.*

Les adjectifs en *eur* font ordinairement leur féminin en *euse* : *trompeur, trompeuse,* etc.

Les adjectifs en *x* changent l'*x* en *se* : *dangereux, dangereuse,* excepté *doux,* qui fait *douce,* et *roux,* qui fait *rousse,* etc.

FÉMININ DES ADJECTIFS LES PLUS USUELS.

Masculin.	Féminin.	Masculin.	Féminin.
Malin,	Maligne.	Ivrogne,	Ivrognesse.
Gentil,	Gentille.	Apprenti,	Apprentie.
Public,	Publique.	Indécis,	Indécise.
Vieux,	Vieille.	Perclus,	Percluse.
Faux,	Fausse.	Sec,	Sèche.

Formation du pluriel dans les Adjectifs.

Le pluriel se forme dans les adjectifs comme dans les noms, en ajoutant une *s* à la fin : *savant, savante;* au pluriel, *savants, savantes.*

Les adjectifs en *al* et en *au* font ordinairement leur pluriel en *aux* : *égal, égaux; nouveau, nouveaux,* etc.

Accord de l'Adjectif avec le Nom.

L'adjectif se met au même genre et au même nombre que le nom ou le pronom auquel il se rapporte. EXEMPLES : *Un homme pieux, une femme pieuse. Pieuse* est au féminin et au singulier, parce que *femme* est du féminin et du singulier. *Un enfant sage, des enfants sages. Sages* est au masculin et au pluriel, parce que *enfants* est du masculin et du pluriel.

Qnand un adjectif se rapporte à deux noms, il doit être mis au pluriel, parce que deux singuliers valent un pluriel : *Le roi et le berger sont* ÉGAUX à la mort (et non pas *égal*).

Si les deux noms sont de différents genres, l'adjectif se met au pluriel masculin : *Le vice et la vertu* OPPOSÉS.

(Faire analyser les noms et les adjectifs suivants.)

Des personnes malignes. Un lieu public. Des places publiques. Un fruit sur. Des pommes sures. Une vie meilleure. La vraie patrie ou la vie éternelle. Des terrains inégaux. La calomnie et la médisance détestables. Un objet pareil, des objets pareils. Une toux et un rhumatisme violents. Un vieil habit. De vieilles habitudes. Des manières gentilles, etc.

ADJECTIFS DÉTERMINATIFS.

Les adjectifs *déterminatifs* sont ceux qui se joignent aux noms pour ne leur faire désigner le plus souvent qu'une ou plusieurs personnes, qu'une ou plusieurs choses, comme *mon père, mes sœurs, cet* enfant, *quelques* amis, etc.

Il y en a quatre sortes :

1º Les adjectifs *démonstratifs*, qui marquent une idée d'indication. Ce sont :

Ce où *cet* pour le masculin singulier : *ce* livre, *cet* oiseau.

Cette pour le féminin singulier : *cette* vallée.

Ces pour le pluriel des deux genres : *ces* chapeaux, *ces* forêts.

2º Les adjectifs *possessifs*, qui marquent une idée de possession. Ce sont :

SINGULIER.		PLURIEL
Masculin.	*Féminin.*	*Des deux genres.*
Mon.	Ma.	Mes.
Ton.	Ta.	Tes.
Son.	Sa.	Ses.
Notre.	Notre.	Nos.
Votre.	Votre.	Vos.
Leur.	Leur.	Leurs.

3º Les adjectifs *numéraux*, qui marquent le nombre, le rang ou l'ordre, comme *un, deux, trois, quatre*, etc.; *premier, deuxième, troisième, quatrième*, etc.

4° Les adjectifs *indéfinis*, qui marquent une idée vague ou générale, tels que :

SINGULIER.		PLURIEL.	
Masculin.	Féminin.	Masculin.	Féminin.
Quel,	Quelle.	Quels,	Quelles.
Tel,	Telle.	Tels,	Telles.
Nul,	Nulle.	Nuls,	Nulles.
Quelque.	Quelque.	Quelques.	Quelques.

Ainsi, les adjectifs *déterminatifs* se divisent en *démonstratifs*, *possessifs*, *numéraux* et *indéfinis*.

(Faire analyser les noms et les adjectifs suivants.)

Dans quel chagrin et dans quelle affliction je suis! Telle vie, telle mort.—Cet appartement est bien aéré. Cette encre est peu noire. Dans ces moments de trouble, chacun a ses craintes excessives. Ce vieil homme et cette vieille femme éclopés ; leur habillement et leurs effets pareils aux vôtres. Reste quelques moments. J'ai quelque espérance, etc.

PREMIÈRE REMARQUE. Il faut employer *ma*, *ta*, *sa*, devant une *h* aspirée. Dites : *ma hache, ta hotte, sa hauteur*, etc., et non pas *mon hache, ton hotte, son hauteur*.

DEUXIÈME REMARQUE. On emploie *ce* et non pas *cet* devant les noms commençant par une *h* aspirée. Dites : *ce hameau, ce haricot, ce hasard, ce hareng, ce hanneton*, etc., et non pas *cet hameau, cet haricot, cet hasard, cet hareng, cet hanneton*, etc.

TROISIÈME REMARQUE. Ne faites pas la liaison avec un adjectif commençant par une *h* aspirée, comme dans les exemples suivants : *Il n'est pas hardi. Il est trop honteux. Cela est bien haut ou bien honteux*, etc.

CHAPITRE IV.

LE PRONOM.

Le pronom est un mot qui tient la place du nom. Dans cette phrase : *Les hommes sont les enfants de Dieu, ils doivent le servir*, le mot *ils*, qui remplace *hommes*, et le mot *le*, qui remplace *Dieu*, sont des pronoms.

1.

Il y a plusieurs sortes de pronoms :

1° Les pronoms *personnels*, dont il sera parlé plus loin. Ce sont : pour le singulier, *je, moi, me, tu, toi, te, il, elle, le, la lui ;* et pour le pluriel : *nous, vous, ils, eux, elles, les, leur.*

2° Les pronoms *démonstratifs*, qui tiennent la place du nom en marquant une idée d'indication. Ce sont :

SINGULIER.		PLURIEL.	
Masculin.	*Féminin.*	*Masculin.*	*Féminin.*
Celui.	Celle.	Ceux.	Celles.
Celui-ci.	Celle-ci.	Ceux-ci.	Celles-ci.
Celui-là.	Celle-là.	Ceux-là.	Celles-là.

3° Les pronoms *possessifs*, qui tiennent la place du nom en marquant une idée de possession. Ce sont :

SINGULIER.		PLURIEL.	
Masculin.	*Féminin.*	*Masculin.*	*Féminin.*
Le mien.	La mienne.	Les miens.	Les miennes.
Le tien.	La tienne.	Les tiens.	Les tiennes.
Le sien.	La sienne.	Les siens.	Les siennes.
Le nôtre.	La nôtre.	Les nôtres.	Les nôtres.
Le vôtre.	La vôtre.	Les vôtres.	Les vôtres.
Le leur.	La leur.	Les leurs.	Les leurs.

4° Les pronoms *relatifs*, et mieux *conjonctifs, qui sont :*

SINGULIER.		PLURIEL.	
Masculin.	*Féminin.*	*Masculin.*	*Féminin.*
Lequel.	Laquelle.	Lesquels.	Lesquelles.
Duquel.	De laquelle.	Desquels.	Desquelles.
Auquel.	A laquelle.	Auxquels.	Auxquelles.

Que, qui, dont sont aussi des pronoms conjonctifs des deux genres et des deux nombres.

EXEMPLES. Dieu *que* je dois aimer, lui *qui* est mon Créateur, lui *dont* les cieux révèlent la puissance, lui *auquel* je dois tout, etc.

Ces pronoms servent à unir les noms ou les pronoms à un autre mot appelé verbe.

4° Les pronoms *indéfinis*, qui ne rappellent les personnes ou les choses que d'une manière vague et indéterminée, sont, par exemple, *on*, *chacun*, *quiconque*, *personne*, etc.

Il y a ainsi cinq sortes de pronoms : les pronoms *personnels*, les *démonstratifs*, les *possessifs*, les *conjonctifs*, et les pronoms *indéfinis*.

Règle des Pronoms.

Le pronom doit être du même genre et du même nombre que le nom dont il tient la place. Ex. *Si vous écorcez les arbres, ils périront. Ils* est au masculin pluriel, parce qu'il remplace *arbres* qui est du masculin pluriel.

Les vérités les plus importantes sont celles de la religion.

Celles est au féminin pluriel, parce qu'il remplace *vérités* qui est du féminin pluriel.

(Faire analyser les mots en italique suivants.)

Le ciel *auquel* tu dois aspirer. *Tes* penchants *auxquels* il faut résister. Les pauvres au sort *desquels* nous devons être *sensibles*. La propreté à *laquelle* il faut s'habituer. Les autorités *auxquelles* il faut obéir. Vos souffrances sont-*elles* comparables à *celles* du Sauveur?

———————————

CHAPITRE V.

LE VERBE.

Le Verbe est un mot qui marque un état ou une action. Ainsi, je *suis affligé*, j'*écris*, sont des verbes.

Il y a cinq sortes de verbes : le verbe *actif* ou *transitif*, le verbe *passif*, le verbe *neutre* ou *intransitif*, le verbe *réfléchi* ou *pronominal*, et le verbe *impersonnel*.

Il y a deux verbes que l'on nomme verbes *auxiliaires*, parce qu'ils servent à conjuguer tous les autres. Ce sont : le verbe *être* et le verbe *avoir*.

Voici d'abord le verbe *avoir*.

VERBE AUXILIAIRE *AVOIR.*

INDICATIF.

PRÉSENT.

Sing. J'ai.
Tu as.
Il *ou* elle a.
Plur. Nous avons.
Vous avez.
Ils *ou* elles ont.

IMPARFAIT.

J'avais.
Tu avais.
Il avait.
Nous avions.
Vous aviez.
Ils avaient.

PASSÉ DÉFINI.

J'eus.
Tu eus.
Il eut.
Nous eûmes.
Vous eûtes.
Ils eurent.

PASSÉ INDÉFINI.

J'ai eu.
Tu as eu.
Il a eu.
Nous avons eu.
Vous avez eu.
Ils ont eu.

PASSÉ ANTÉRIEUR.

J'eus eu.

Tu eus eu.
Il eut eu.
Nous eûmes eu.
Vous eûtes eu.
Ils eurent eu.

PLUS-QUE-PARFAIT.

J'avais eu.
Tu avais eu.
Il avait eu.
Nous avions eu.
Vous aviez eu.
Ils avaient eu.

FUTUR.

J'aurai.
Tu auras.
Il aura.
Nous aurons.
Vous aurez.
Ils auront.

FUTUR PASSÉ.

J'aurai eu.
Tu auras eu.
Il aura eu.
Nous aurons eu.
Vous aurez eu.
Ils auront eu.

CONDITIONNEL.

PRÉSENT.

J'aurais.
Tu aurais.
Il aurait.
Nous aurions.

Vous auriez.
Ils auraient.

PASSÉ PREMIER.

J'aurais eu.
Tu aurais eu.
Il aurait eu.
Nous aurions eu.
Vous auriez eu.
Ils auraient eu.

PASSÉ SECOND.

J'eusse eu.
Tu eusses eu.
Il eût eu.
Nous eussions eu.
Vous eussiez eu.
Ils eussent eu.

IMPÉRATIF.

Point de première personne.

Aie.
Qu'il ait.
Ayons.
Ayez.
Qu'ils aient.

SUBJONCTIF.

PRÉSENT OU FUTUR.

Que j'aie.
Que tu aies.
Qu'il ait.
Que nous ayons.
Que vous ayez.
Qu'ils aient.

IMPARFAIT.

Que j'eusse.
Que tu eusses.

Qu'il eût.
Que nous eussions.
Que vous eussiez.
Qu'ils eussent.

PASSÉ.

Que j'aie eu.
Que tu aies eu.
Qu'il ait eu.
Que nous ayons eu.
Que vous ayez eu.
Qu'ils aient eu.

PLUS-QUE-PARFAIT.

Que j'eusse eu.
Que tu eusses eu.
Qu'il eût eu.
Que nous eussions eu.
Que vous eussiez eu.
Qu'ils eussent eu.

INFINITIF.

PRÉSENT.

Avoir.

PASSÉ.

Avoir eu.

PARTICIPES.

PRÉSENT.

Ayant.

PASSÉ.

Eu, eue, ayant eu.

FUTUR.

Devant avoir.

VERBE AUXILIAIRE ÊTRE.

INDICATIF.
PRÉSENT.

Je suis.
Tu es.

Il ou elle est.
Nous sommes.
Vous êtes.
Ils ou elles sont.

IMPARFAIT.

J'étais.
Tu étais.
Il était.
Nous étions.
Vous étiez.
Ils étaient.

PASSÉ DÉFINI.

Je fus.
Tu fus.
Il fut.
Nous fûmes.
Vous fûtes.
Ils furent.

PASSÉ INDÉFINI.

J'ai été.
Tu as été.
Il a été.
Nous avons été.
Vous avez été.
Ils ont été.

PASSÉ ANTÉRIEUR.

J'eus été.
Tu eus été.
Il eut été.
Nous eûmes été.
Vous eûtes été.
Ils eurent été.

PLUS-QUE-PARFAIT.

J'avais été.
Tu avais été.
Il avait été.
Nous avions été.
Vous aviez été.
Ils avaient été.

FUTUR.

Je serai.
Tu seras.
Il sera.
Nous serons.
Vous serez.
Ils seront.

FUTUR PASSÉ.

J'aurai été.
Tu auras été.
Il aura été.
Nous aurons été.
Vous aurez été.
Ils auront été.

CONDITIONNEL.

PRÉSENT.

Je serais.
Tu serais.
Il serait.
Nous serions.
Vous seriez.
Ils seraient.

PASSÉ PREMIER.

J'aurais été.
Tu aurais été.
Il aurait été.
Nous aurions été.
Vous auriez été.
Ils auraient été.

PASSÉ SECOND.

J'eusse été.
Tu eusses été.
Il eût été.
Nous eussions été.
Vous eussiez été.
Ils eussent été.

IMPÉRATIF.

Point de première personne.

Sois.
Qu'il soit.
Soyons.
Soyez.
Qu'ils soient.

SUBJONCTIF.

PRÉSENT ou FUTUR.

Que je sois.
Que tu sois.
Qu'il soit.

Que nous soyons.
Que vous soyez.
Qu'ils soient.

IMPARFAIT.

Que je fusse.
Que tu fusses.
Qu'il fût.
Que nous fussions.
Que vous fussiez.
Qu'ils fussent.

PASSÉ.

Que j'aie été.
Que tu aies été.
Qu'il ait été.
Que nous ayons été.
Que vous ayez été.
Qu'ils aient été.

PLUS-QUE-PARFAIT.

Que j'eusse été.

Que tu eusses été.
Qu'il eût été.
Que nous eussions été.
Que vous eussiez été.
Qu'ils eussent été.

INFINITIF.
PRÉSENT.

Être.

PASSÉ.

Avoir été.

PARTICIPES.
PRÉSENT.

Étant.

PASSÉ.

Été, ayant été.

FUTUR.

Devant être.

REMARQUE. Prenez bien garde de conjuguer le verbe *être* avec lui-même, et de dire : *je suis été, nous sommes été malades; ce serait été votre faute.* Il faut le conjuguer avec *avoir*, et dire : *j'ai été, nous avons été malades; ç'aurait été ou c'eût été votre faute.*

LES QUATRE CONJUGAISONS.

Tous les verbes ont été réunis en quatre catégories qu'on appelle les quatre *conjugaisons*. Ces quatre conjugaisons se distinguent les unes des autres par la dernière syllabe de l'infinitif.

La première se termine en *er*, comme *aimer;* la deuxième en *ir*, comme *finir;* la troisième en *oir*, comme *recevoir;* la quatrième en *re*, comme *rendre*.

PREMIÈRE CONJUGAISON, EN ER.

INDICATIF.
PRÉSENT.

J'aime.
Tu aimes.

Il *ou* elle aime.
Nous aimons.
Vous aimez.
Ils *ou* elles aiment.

IMPARFAIT.

J'aimais.
Tu aimais.
Il aimait.
Nous aimions.
Vous aimiez.
Ils aimaient.

PASSÉ DÉFINI.

J'aimai.
Tu aimas.
Il aima.
Nous aimâmes.
Vous aimâtes.
Ils aimèrent.

PASSÉ INDÉFINI.

J'ai aimé.
Tu as aimé.
Il a aimé.
Nous avons aimé.
Vous avez aimé.
Ils ont aimé.

PASSÉ ANTÉRIEUR.

J'eus aimé.
Tu eus aimé.
Il eut aimé.
Nous eûmes aimé.
Vous eûtes aimé.
Ils eurent aimé (¹).

PLUS-QUE-PARFAIT.

J'avais aimé.
Tu avais aimé.
Il avait aimé.
Nous avions aimé.
Vous aviez aimé.
Ils avaient aimé.

FUTUR.

J'aimerai.
Tu aimeras.
Il aimera.

Nous aimerons.
Vous aimerez.
Ils aimeront.

FUTUR PASSÉ.

J'aurai aimé.
Tu auras aimé.
Il aura aimé.
Nous aurons aimé.
Vous aurez aimé.
Ils auront aimé.

CONDITIONNEL.
PRÉSENT.

J'aimerais.
Tu aimerais.
Il aimerait.
Nous aimerions.
Vous aimeriez.
Ils aimeraient.

PASSÉ PREMIER.

J'aurais aimé.
Tu aurais aimé.
Il aurait aimé.
Nous aurions aimé.
Vous auriez aimé.
Ils auraient aimé.

PASSÉ SECOND.

J'eusse aimé.
Tu eusses aimé.
Il eût aimé.
Nous eussions aimé.
Vous eussiez aimé.
Ils eussent aimé.

IMPÉRATIF.
Point de première personne.

Aime.
Qu'il aime.
Aimons.
Aimez.
Qu'ils aiment.

(¹) Il y a un quatrième prétérit dont on se sert rarement; le voici : J'ai eu aimé, tu as eu aimé, il a eu aimé, nous avons eu aimé, vous avez eu aimé, ils ont eu aimé.

SUBJONCTIF.

PRÉSENT ou FUTUR.

Que j'aime.
Que tu aimes.
Qu'il aime.
Que nous aimions.
Que vous aimiez.
Qu'ils aiment.

IMPARFAIT.

Que j'aimasse.
Que tu aimasses.
Qu'il aimât.
Que nous aimassions.
Que vous aimassiez.
Qu'ils aimassent.

PASSÉ.

Que j'aie aimé.
Que tu aies aimé.
Qu'il ait aimé.
Que nous ayons aimé.
Que vous ayez aimé.
Qu'ils aient aimé.

PLUS-QUE-PARFAIT.

Que j'eusse aimé.
Que tu eusses aimé.
Qu'il eût aimé.
Que nous eussions aimé.
Que vous eussiez aimé.
Qu'ils eussent aimé.

INFINITIF.

PRÉSENT.

Aimer.

PASSÉ.

Avoir aimé.

PARTICIPES.

PRÉSENT.

Aimant.

PASSÉ.

Aimé, aimée, ayant aimé.

FUTUR.

Devant aimer.

Conjuguez de même : *prêter, emprunter, hasarder, décacheter, dételer, recouvrer, aiguiser, balayer, manger, menacer, empaqueter, démancher, emmener, annoncer, acheter*, etc. (1).

PREMIÈRE REMARQUE. Les verbes terminés en *oyer, uyer*, comme *nettoyer, appuyer*, changent l'y en i devant un e muet : *je nettoie, j'appuierai*. L'Académie conserve toujours l'y dans les verbes en *ayer, eyer*. Elle écrit : *je paye, il s'effrayera, il grasseye*. C'est une irrégularité de moins dans la conjugaison de ces verbes.

DEUXIÈME REMARQUE. En général, les verbes terminés en *eler, eter*, comme *appeler, jeter*, prennent deux l et deux t devant un e muet : *il appelle, qu'il jette*, excepté *acheter, geler* et quelques autres, qui, d'après l'usage, ne prennent jamais deux l ni deux t : *il achète, il gèle*.

Je *révèle*, je *répète* ne prennent pas deux l ou deux t, parce qu'ils ne sont pas terminés au présent de l'infinitif en *eler* ou *eter*, mais en *éler* ou *éter*.

(1) Faites conjuguer de préférence les verbes que l'on dénature dans la localité où vous vous trouvez.

DEUXIÈME CONJUGAISON, EN *IR*.

INDICATIF.

PRÉSENT.

Je finis.
Tu finis.
Il *ou* elle finit.
Nous finissons.
Vous finissez.
Ils *ou* elles finissent.

IMPARFAIT.

Je finissais.
Tu finissais.
Il finissait.
Nous finissions.
Vous finissiez.
Ils finissaient.

PASSÉ DÉFINI.

Je finis.
Tu finis.
Il finit.
Nous finîmes.
Vous finîtes.
Ils finirent.

PASSÉ INDÉFINI.

J'ai fini.
Tu as fini.
Il a fini.
Nous avons fini.
Vous avez fini.
Ils ont fini.

PASSÉ ANTÉRIEUR.

J'eus fini.
Tu eus fini.
Il eut fini.
Nous eûmes fini.
Vous eûtes fini.
Ils eurent fini.

PLUS-QUE-PARFAIT.

J'avais fini.
Tu avais fini.
Il avait fini.
Nous avions fini.
Vous aviez fini.
Ils avaient fini.

FUTUR.

Je finirai.
Tu finiras.
Il finira.
Nous finirons.
Vous finirez.
Ils finiront.

FUTUR PASSÉ.

J'aurai fini.
Tu auras fini.
Il aura fini.
Nous aurons fini.
Vous aurez fini.
Ils auront fini.

CONDITIONNEL.

PRÉSENT.

Je finirais.
Tu finirais.
Il finirait.
Nous finirions.
Vous finiriez.
Ils finiraient.

PASSÉ PREMIER.

J'aurais fini.
Tu aurais fini.
Il aurait fini.
Nous aurions fini.
Vous auriez fini.
Ils auraient fini.

PASSÉ SECOND.

J'eusse fini.
Tu eusses fini.
Il eût fini.
Nous eussions fini.
Vous eussiez fini.
Ils eussent fini.

IMPÉRATIF.

Point de première personne.

Finis.
Qu'il finisse.
Finissons.
Finissez.
Qu'ils finissent.

SUBJONCTIF.

PRÉSENT ou FUTUR.

Que je finisse.
Que tu finisses.
Qu'il finisse.
Que nous finissions.
Que vous finissiez.
Qu'ils finissent.

IMPARFAIT.

Que je finisse.
Que tu finisses.
Qu'il finît.
Que nous finissions.
Que vous finissiez.
Qu'ils finissent.

PASSÉ.

Que j'aie fini.
Que tu aies fini.
Qu'il ait fini.
Que nous ayons fini.
Que vous ayez fini.
Qu'ils aient fini.

PLUS-QUE-PARFAIT.

Que j'eusse fini.
Que tu eusses fini.
Qu'il eût fini.
Que nous eussions fini.
Que vous eussiez fini.
Qu'ils eussent fini.

INFINITIF.

PRÉSENT.

Finir.

PASSÉ.

Avoir fini.

PARTICIPES.

PRÉSENT.

Finissant.

PASSÉ.

Fini, finie, ayant fini.

FUTUR.

Devant finir.

Conjuguez de même : *emplir, recouvrir, haïr, aplanir, dormir, enhardir, nourrir,* etc.

REMARQUE. Faites conjuger de même *vêtir, démentir, bouillir, tressaillir, mentir,* etc., pourvu que vous ayez soin d'indiquer aux élèves les temps primitifs. Avec ces derniers et les règles ci-après pour la formation des temps, ils trouveront facilement les temps *dérivés,* qui se forment régulièrement des temps *primitifs* (¹).

(¹) Par ce moyen, le nombre des verbes irréguliers est diminué.

TROISIÈME CONJUGAISON, EN *OIR*.

INDICATIF.

PRÉSENT.

Je reçois.
Tu reçois.
Il ou elle reçoit.
Nous recevons.
Vous recevez.
Ils ou elles reçoivent.

IMPARFAIT.

Je recevais.
Tu recevais.
Il recevait.
Nous recevions.
Vous receviez.
Ils recevaient.

PASSÉ DÉFINI.

Je reçus.
Tu reçus.
Il reçut.
Nous reçûmes.
Vous reçûtes.
Ils reçurent.

PASSÉ INDÉFINI.

J'ai reçu.
Tu as reçu.
Il a reçu.
Nous avons reçu.
Vous avez reçu.
Ils ont reçu.

PASSÉ ANTÉRIEUR.

J'eus reçu.
Tu eus reçu.
Il eut reçu.
Nous eûmes reçu.
Vous eûtes reçu.
Ils eurent reçu.

PLUS-QUE-PARFAIT.

J'avais reçu.
Tu avais reçu.
Il avait reçu.
Nous avions reçu.
Vous aviez reçu.
Ils avaient reçu.

FUTUR.

Je recevrai.
Tu recevras.
Il recevra.
Nous recevrons.
Vous recevrez.
Ils recevront.

FUTUR PASSÉ.

J'aurai reçu.
Tu auras reçu.
Il aura reçu.
Nous aurons reçu.
Vous aurez reçu.
Ils auront reçu.

CONDITIONNEL.

PRÉSENT.

Je recevrais.
Tu recevrais.
Il recevrait.
Nous recevrions.
Vous recevriez.
Ils recevraient.

PASSÉ PREMIER.

J'aurais reçu.
Tu aurais reçu.
Il aurait reçu.
Nous aurions reçu.
Vous auriez reçu.
Ils auraient reçu.

PASSÉ SECOND.

J'eusse reçu.
Tu eusses reçu.
Il eût reçu.
Nous eussions reçu.
Vous eussiez reçu.
Ils eussent reçu.

IMPÉRATIF.

Point de première personne.

Reçois.
Qu'il reçoive.
Recevons.
Recevez.
Qu'ils reçoivent.

SUBJONCTIF.

PRÉSENT OU FUTUR.

Que je reçoive.
Que tu reçoives.
Qu'il reçoive.
Que nous recevions.
Que vous receviez.
Qu'ils reçoivent.

IMPARFAIT.

Que je reçusse.
Que tu reçusses.
Qu'il reçût.
Que nous reçussions.
Que vous reçussiez.
Qu'ils reçussent.

PASSÉ.

Que j'aie reçu.
Que tu aies reçu.
Qu'il ait reçu.
Que nous ayons reçu.
Que vous ayez reçu.
Qu'ils aient reçu.

PLUS-QUE-PARFAIT.

Que j'eusse reçu.
Que tu eusses reçu.
Qu'il eût reçu.
Que nous eussions reçu.
Que vous eussiez reçu.
Qu'ils eussent reçu.

INFINITIF.

PRÉSENT.

Recevoir.

PASSÉ.

Avoir reçu.

PARTICIPES.

PRÉSENT.

Recevant.

PASSÉ.

Reçu, reçue, ayant reçu.

FUTUR.

Devant recevoir.

Conjuguez de même : *percevoir, apercevoir, devoir, redevoir* (¹).

REMARQUE. Le participe passé du verbe *devoir* prend un accent circonflexe, mais seulement au masculin singulier. Ecrivez : *Cet argent m'est dû; cette somme m'est due; ces trente francs me sont dus.*

(¹) Parmi les quarante verbes en *oir*, ce sont les seuls, avec *décevoir*, qui puissent se conjuguer sur ce modèle.

QUATRIÈME CONJUGAISON, EN *RE*.

INDICATIF.

PRÉSENT.

Je rends.
Tu rends.
Il ou elle rend.
Nous rendons.
Vous rendez.
Ils ou elles rendent.

IMPARFAIT.

Je rendais.
Tu rendais.
Il rendait.
Nous rendions.
Vous rendiez.
Ils rendaient.

PASSÉ DÉFINI.

Je rendis.
Tu rendis.
Il rendit.
Nous rendîmes.
Vous rendîtes.
Ils rendirent.

PASSÉ INDÉFINI.

J'ai rendu.
Tu as rendu.
Il a rendu.
Nous avons rendu.
Vous avez rendu.
Ils ont rendu.

PASSÉ ANTÉRIEUR.

J'eus rendu.
Tu eus rendu.
Il eut rendu.
Nous eûmes rendu.
Vous eûtes rendu.
Ils eurent rendu.

PLUS-QUE-PARFAIT.

J'avais rendu.
Tu avais rendu.
Il avait rendu.
Nous avions rendu.
Vous aviez rendu.
Ils avaient rendu.

FUTUR.

Je rendrai.
Tu rendras.
Il rendra.
Nous rendrons.
Vous rendrez.
Ils rendront.

FUTUR PASSÉ.

J'aurai rendu.
Tu auras rendu.
Il aura rendu.
Nous aurons rendu.
Vous aurez rendu.
Ils auront rendu.

CONDITIONNEL.

PRÉSENT.

Je rendrais.
Tu rendrais.
Il rendrait.
Nous rendrions.
Vous rendriez.
Ils rendraient.

PASSÉ PREMIER.

J'aurais rendu.
Tu aurais rendu.
Il aurait rendu.
Nous aurions rendu.
Vous auriez rendu.
Ils auraient rendu.

PASSÉ SECOND.

J'eusse rendu.
Tu eusses rendu.
Il eût rendu.
Nous eussions rendu.
Vous eussiez rendu.
Ils eussent rendu.

IMPÉRATIF.

Point de première personne.

Rends.
Qu'il rende.
Rendons.
Rendez.
Qu'ils rendent.

SUBJONCTIF.

PRÉSENT OU FUTUR.

Que je rende.
Que tu rendes.
Qu'il rende.
Que nous rendions.
Que vous rendiez.
Qu'ils rendent.

IMPARFAIT.

Que je rendisse.
Que tu rendisses.
Qu'il rendît.
Que nous rendissions.
Que vous rendissiez.
Qu'ils rendissent.

PASSÉ.

Que j'aie rendu.
Que tu aies rendu.
Qu'il ait rendu.
Que nous ayons rendu.
Que vous ayez rendu.
Qu'ils aient rendu.

PLUS-QUE-PARFAIT.

Que j'eusse rendu.
Que tu eusses rendu.
Qu'il eût rendu.
Que nous eussions rendu.
Que vous eussiez rendu.
Qu'ils eussent rendu.

INFINITIF.

PRÉSENT.

Rendre.

PASSÉ.

Avoir rendu.

PARTICIPES.

PRÉSENT.

Rendant.

PASSÉ.

Rendu, rendue, ayant rendu.

FUTUR.

Devant rendre.

Conjuguez de même : *répandre, attendre, perdre, rompre, battre, mordre,* etc.

REMARQUE. On peut faire conjuguer aussi *teindre, éteindre, enjoindre, coudre,* etc., pourvu que l'on ait soin d'en faire connaître les temps *primitifs,* dont se forment régulièrement les temps *dérivés.*

REMARQUE. Dans les verbes en *indre* et en *soudre,* on supprime le *d* dans tous les cas où il ne se prononce pas : *je plains, tu plains, il plaint,* etc. *Je me résous, tu te résous, il se résout,* etc.

(Faites conjuguer interrogativement, à l'indicatif et au conditionnel, *aimé-je, aimes-tu, aime-t-il,* etc. (¹).

____

(¹) Afin d'habituer à l'usage du signe orthographique.

(Faites conjuguer aussi quelques verbes précédés de *les* et de *leur* ([1]).

EXEMPLE :

Je les leur abandonne.
Tu les leur abandonnes.
Il les leur abandonne.
Nous les leur abandonnons.
Vous les leur abandonnez.
Ils les leur abandonnent, etc. ([2]).

(Rendez raison des différences orthographiques dans les verbes suivants.) ([5])

Il *dort* vers le minuit. Le soleil *dore* les moissons. Je *secours* les pauvres et les *entoure* de soins. Il *pleure* et se *meurt* de chagrin. Cette poutre *rompra*. On *trompera* les trompeurs. J'empaquetterai et *remettrai* vos hardes. Il *sert* Dieu. Il *serre* mes effets. Tu *demanderas* et *obtiendras* des conseils. Vous *relirez* les bons livres. Vous *relierez* cet ouvrage. Je *nettoie* mes dents. Je te *pourvois d'eau* Il *renouvelle* et *révèle* ses promesses. Cet habit se *découdra*. Ce ferblanc se *dessoudera*.

(Faites écrire beaucoup de verbes, surtout à l'impératif.) ([4])

EXEMPLES. *Aie soin de tes affaires. Sois propre en toutes choses. Ecris-moi promptement. Va chez mes tantes; dis-leur que je suis leurs conseils. Confie-moi tes effets ou serre-les convenablement. Sers-moi de père. Ne te mets pas en peine de moi. Va-t'en.*

REMARQUE. Quand la deuxième personne de l'impératif ne se termine pas par une s, il faut en mettre une devant les pronoms *en* et *y*, pour la douceur de la prononciation. EXEMPLES. Cueille mes fruits et *donnes-en* aux indigents. Si un malheureux tombe malade, *va* le soulager; *vas-y* sans retard; *aies-en* soin.

De la Personne et du Nombre.

Il y a trois *personnes* dans les verbes. Les pronoms *je, nous,* marquent que le verbe est à la première personne; *tu, vous,*

([1]) Parce que les enfants écrivent souvent : je les *leurs* abandonne; je *leurs* ai dit.

([2]) Quand *leur* signifie *à eux, à elles,* il ne prend point la marque du pluriel, parce que, son singulier étant *lui, leur* marque le pluriel par lui-même.

([5]) Il importe de voir plus loin (Exercice verbal).

([4]) Parce que les verbes à l'impératif sont très-usités dans le style épistolaire.

rquent qu'il est à la deuxième personne ; *ils, elles*, mar-
ent qu'il est à la troisième personne. Le nom sujet marque
si que le verbe est à la troisième personne : *Paul suit les
s avis* (¹).

l y a dans les verbes deux nombres : le *singulier*, quand on
 parle que d'une seule personne ou d'une seule chose,
ame *je travaille, l'enfant s'amuse*; le *pluriel*, quand on
le de plusieurs personnes ou de plusieurs choses, comme
s *travaillons, les enfants s'amusent.*

Temps.

l y a trois temps principaux : le *présent*, qui marque que
:hose est ou se fait présentement, comme *je travaille;* le
sé, qui marque que la chose a été faite, comme *j'ai travaillé;*
futur, qui marque que la chose se fera, comme *je tra-
lerai.*

l n'y a qu'un temps présent, et il y a cinq sortes de passé,
 sont : l'*imparfait*, le *passé défini*, le *passé indéfini*, le *passé
érieur* et le *plus-que-parfait;* et deux sortes de futur : le
ır simple et le *futur passé.*

Modes.

l y a cinq modes : l'*indicatif*, le *conditionnel*, l'*impératif*,
ubjonctif et l'*infinitif.*

1° Dans le mode *indicatif*, on affirme que la chose est,
elle a été ou qu'elle sera : *Je hais, j'ai haï, je haïrai la pa-
se.* Il comprend huit temps.

2° Dans l'*impératif*, on commande que la chose soit ou se
se : *Respecte les vieillards.*

3° Dans le *conditionnel*, on dit que la chose serait ou aurait
 moyennant une condition : *Je serais estimé, si j'étais hon-
e homme.* Il comprend trois temps.

---

¹) La fonction des pronoms *personnels* est de marquer la *personne* ou le
 du sujet, c'est-à-dire de faire connaître si la personne qui parle veut
er d'elle-même, à une autre ou d'une autre (personne ou chose). Si je
is : *Auguste se flatte*, on ne saurait si je veux parler de moi ou d'un
e. L'emploi de *je, tu* ou *il* dissipe le doute à cet égard.

4° Dans le *subjonctif*, on fait dépendre la chose d'une autre qui la précède : Dieu exige *que nous le servions*. Il comprend quatre temps.

5° Dans l'*infinitif*, on exprime l'existence ou l'action vaguement, sans l'attribuer à personne : *Servir Dieu, être tempérant*.

Temps primitifs et temps dérivés.

Les temps *primitifs* d'un verbe sont ceux qui servent à former les autres temps dans les quatre conjugaisons. Les temps formés des temps *primitifs* s'appellent temps *dérivés*.

Le temps *primitifs* sont au nombre de cinq, savoir : 1° le *présent de l'indicatif*; 2° le *passé indéfini*; 3° le *présent de l'infinitif*; 4° le *participe présent*; 5° le *participe passé* (¹).

I. Du présent de l'indicatif on forme :

L'impératif en ôtant les pronoms *je, nous* et *vous*. Exemple : *j'aime*, impératif *aime*, etc.

Il y a exception pour les quatre verbes *être, avoir, savoir* et *aller* : *je suis*, impératif *sois*; *j'ai*, impératif *aie*; *je sais*, impératif *sache*; *je vais* ou *je vas*, impératif *va*.

II. Du passé défini on forme :

L'imparfait du subjonctif en changeant *ai* en *asse* pour la première conjugaison : *j'aim-ai*, que *j'aim-asse*; et en ajoutant *se* pour les trois autres. Exemple : *je finis*, que *je finis-se*; *je reçus*, que *je reçus-se*, etc.

III. Du présent de l'infinitif on forme :

Le futur simple en ajoutant *ai*, et le présent du conditionnel en ajoutant *ais*. Exemples : *aimer, j'aimer-ai; finir, je finir-ai*, etc.; *aimer, j'aimer-ais; finir, je finir-ais*, etc. Excepté dans les verbes de la troisième conjugaison où l'on retranche *oi* : *recevoir, je recevrai*.

IV. Du participe présent on forme :

1° Les trois personnes plurielles du présent de l'indicatif en changeant *ant* en *ons, ez, ent*. Ex. : *aim-ant, nous aim-ons; finiss-ant, vous finiss-ez*, etc.

(¹) Avec les règles de la formation des temps, on conjugue plus de verbes qu'avec le principe du radical et de la terminaison. Ex. : *éteignant, j'éteignais; vêtant, que je vête; démentant, je démentais*, etc.

t 2° L'imparfait de l'indicatif en changeant *ant* en *ais* et le présent du subjonctif en changeant *ant* en *e*. Ex. : *aim-ant, j'aim-ais, finiss-ant, je finiss-ais, que j'aim-e; que je finiss-e*, etc.

V. Du participe passé on forme :

Tous les temps composés en y joignant les temps des verbes *être* et *avoir*. Ex. : *aimé, j'ai aimé, je suis tombé; j'avais aimé, j'étais tombé*, etc.

VERBES IRRÉGULIERS.

Les verbes *irréguliers* sont ceux dont les temps *dérivés* ne se forment pas des temps *primitifs* selon les règles précédentes. Ainsi, *secourir* devrait faire au futur, d'après la règle, *je secourirai*, et il fait *je secourrai*. Il est *irrégulier*.

Liste des verbes irréguliers les plus usités.

Acquérir, acquérant, acquis, j'acquiers, j'acquis, j'acquerrais.

Asseoir, j'assieds, j'assis, j'assiérai ou j'asseyerai, que j'asseye, asseyant. On dit aussi : j'assois, tu assois, etc., que j'assoie (Acad.).

Aller, allant, allé, je vais ou je vas, j'allai, impératif va. S'en aller fait : je m'en suis allé; à l'impératif va-t'en.

Courir, courant, couru, je cours, je courus, je courrai, je courrais. Ainsi se conjuguent *secourir, parcourir*.

Cueillir, cueillant, cueilli, je cueille, je cueillerai, cueille, que je cueille.

Dire, disant, dit, vous dites, au présent de l'indicatif, et non pas vous *disez. Contredire* et *dédire* sont réguliers. Vous contredisez, dédisez-vous. (Acad.)

Envoyer, envoyant, envoyé, j'envoie, j'envoyai, j'enverrai, j'enverrais, que j'envoie, que nous envoyions.

Echoir, échéant, échu, j'écherrai. Usité surtout dans ces phrases : si le cas y échoit ou y échet (Acad.); quand le terme écherra.

Faire, Faisant, fait, je fis, vous faites, ils font, je ferai, que je fasse, etc.

Mourir, mourant, mort, je meurs, je mourus, je mourrai.

Pouvoir, pouvant, pu, je peux ou je puis, je pourrai, que je puisse, etc.

Tenir, tenant, tenu, je tins, ils tiennent, je tiendrai, que je tienne, etc. Conjuguez de même : *appartenir, obtenir, entretenir, s'abstenir.*

Valoir, valant, valu, je vaux, je valus, je vaudrai, que je vaille.

Venir, venant, venu, je viens, je vins, ils viennent, je viendrai, que je vienne. Conjuguez de même : *convenir, parvenir, devenir, se souvenir, prévenir,* etc.

Voir, voyant, vu, je vois, je vis, je verrai, que je voie, etc. Conjuguez de même *entrevoir* et *revoir.*

Vouloir, voulant, voulu, je veux, je voulus, je voudrai ; impératif, veuille, veuillons, etc.; présent du subjonctif, que je veuille, que nous voulions, que vous vouliez, et non pas que je nous veuillions.

Sujet des Verbes.

Le sujet des verbes est la personne ou la chose à laquelle on attribue une action ou une manière d'être.

On trouve le sujet en mettant *qui est-ce qui* devant le verbe. La réponse à cette question indique le sujet. Ex. : Dieu voit le fond des cœurs. Qui est-ce qui voit? Réponse, *Dieu. Dieu* est le sujet du verbe *voit.*

Dans ces phrases : *Je me hasarde, tu te hasardes, on se hasarde, l'enfant qui se hasarde,* le verbe a pour sujet les pronoms *je, tu, on* et *qui.*

Quelquefois le sujet est placé après le verbe. Ex. : Crains-*tu,* craint-*il,* craignons-*nous* la mort ou ses suites? Que deviendraient *les enfants* sans les soins que leur prodiguent *leurs père et mère?*

(Analyse des verbes avec indication des sujets.)

Ignores-tu où conduisent la paresse et l'inconduite? Suis les bons avis que te donnent tes maîtres. Ceux qui vont se baigner après avoir mangé s'exposent à mourir. Que diraient de vous vos semblables, si vous restiez ignorants ?

Concordance des Verbes avec leur Sujet.

RÈGLE. Le verbe doit se mettre au même nombre et à la même personne que son sujet. Ex. : Je *crois*, vous *croyez* et tous les peuples *croient* à la justice divine. *Crois* est au singulier et à la première personne, parce que son sujet *je* est du singulier et de la première personne, etc.

Quel regret se *préparent* les mauvais élèves ! *Se préparent* est au pluriel et à la troisième personne, parce que son sujet *mauvais élèves* est au pluriel et de la troisième personne.

Si le verbe a deux sujets singuliers, il se met au pluriel. Ex. : Le roi et le berger *doivent* avoir le même juge après la mort.

Quand les sujets sont de différentes personnes, on met le verbe au pluriel et à la personne qui a la priorité : la première a la priorité sur la seconde, et la seconde a la priorité sur la troisième. EXEMPLES :

Vous et moi nous mourrons.
Vous et votre sœur partirez, ou vous partirez.

Quand le pronom *qui* est sujet, le verbe s'accorde en nombre et en personne avec le mot auquel *qui* se rapporte. EXEMPLES :

C'est moi *qui suis* blâmable.
C'est toi *qui es* blâmable.
C'est lui *qui est* blâmable.
C'est nous *qui sommes* blâmables.
C'est vous *qui êtes* blâmables.
Ce sont eux *qui sont* blâmables.

Dans le premier exemple, le verbe *suis* est à la première personne du singulier, parce que *moi*, auquel *qui* sujet se rapporte, est de la première personne du singulier. Le mot auquel *qui* se rapporte s'appelle *antécédent*. (¹).

(¹) On peut dire presque indifféremment : Je suis le seul ou le premier qui ai ou qui a fait cela, selon que l'esprit rattache *qui* au sujet *je* ou à l'attribut *le seul* (homme sous-entendu).

Complément des Verbes.

On appelle *complément* le mot ou les mots qui complètent l'idée commencée par un autre mot.

Les verbes ont ordinairement deux sortes de compléments : le complément *direct* et le complément *indirect*.

On trouve le complément *direct* en mettant après le verbe *qui* ou *quoi*. La réponse à cette question indique le complément. Ex. : On aime et on sert *Dieu* en observant *sa loi*. On aime et on sert *qui ? Dieu*. En observant *quoi? Sa loi*. *Dieu* et *sa loi* sont les compléments *directs*.

Autres Compléments directs.

Tous les peuples ont cru et croient encore qu'il y a une autre vie. Il faut craindre *de se réfugier* sous un arbre, quand il tonne. Ceux qui aiment *à parler mal* de Dieu et de la religion, sont bien coupables. *Quel bien* avez-vous fait aujourd'hui ?

Les pronoms *que, le, la, les*, sont souvent compléments *directs* [1]. Ex. : Voici le compte *que* nous devons régler ; c'est-à-dire *lequel* nous devons régler. Votre conte sur moi, je *le* connais. Ces seaux d'eau, nous *les* avons achetés.

On trouve le complément *indirect* en faisant la question *à qui, de qui*, s'il s'agit de personnes, et *à quoi, de quoi*, s'il s'agit de choses. Ex. : Dieu se souviendra *de ses enfants*, s'ils obéissent *à sa loi*. Dieu se souviendra *de qui? De ses enfants*. S'ils obéissent *à quoi? A sa loi*. *De ses enfants, à sa loi*, sont compléments *indirects*.

Les pronoms *me, te, se, nous, vous*, sont compléments *directs*, quand ils sont mis pour *moi, toi, lui, elle, nous, vous* ; et compléments *indirects*, quand ils sont mis pour *à moi, à toi, à lui, à elle, à nous, à vous*, comme on le verra plus loin.

VERBES PASSIFS.

Les verbes *passifs* marquent tantôt l'état du sujet, comme

---

[1] *Le, la, les*, peuvent être de simples attributs : J'ai été moins malade que je ne *le* suis, etc.

je suis affligé; tantôt une action reçue ou soufferte par le sujet, comme *nous avons été corrigés* par notre père.

Pour conjuguer ces sortes de verbes, il suffit d'ajouter le participe passé du verbe à conjuguer à chacun des temps du verbe *être.* C'est pourquoi le modèle suivant n'offrira que la première personne de chaque temps.

INDICATIF.

PRÉSENT.

Je suis aimé, *ou* aimée.
Tu es aimé, *ou* aimée.
Il est aimé, *ou* elle est aimée.
Nous sommes aimés, *ou* aimées.
Vous êtes aimés, *ou* aimées.
Ils sont aimés, ou elles sont aimées.

IMPARFAIT.

J'étais aimé, *ou* aimée.

PASSÉ DÉFINI.

Je fus aimé, *ou* aimée.

PASSÉ INDÉFINI.

J'ai été aimé, *ou* aimée.

PASSÉ ANTÉRIEUR.

J'eus été aimé, *ou* aimée.

PLUS-QUE-PARFAIT.

J'avais été aimé, *ou* aimée.

FUTUR.

Je serai aimé, *ou* aimée.

FUTUR PASSE.

J'aurai été aimé, *ou* aimée.

CONDITIONNEL.

PRESENT.

Je serais aimé, *ou* aimée.

PASSE PREMIER.

J'aurais été aimé, *ou* aimée.

PASSE SECOND.

J'eusse été aimé, *ou* aimée.

IMPÉRATIF.

Point de première personne.

Sois aimé, *ou* aimée.

SUBJONCTIF.

PRESENT OU FUTUR.

Que je sois aimé, *ou* aimée.

IMPARFAIT.

Que je fusse aimé, *ou* aimée.

PASSÉ.

Que j'aie été aimé, *ou* aimée.

PLUS-QUE-PARFAIT.

Que j'eusse été aimé, *ou* aimée.

INFINITIF.

PRESENT.

Etre aimé, *ou* aimée.

PASSÉ.

Avoir été aimé, *ou* aimée.

PARTICIPES.

PRESENT.

Etant aimé, *ou* aimée.

PASSE.

Ayant été aimé, *ou* aimée.

FUTUR.

Devant être aimé, *ou* aimée.

VERBES ACTIFS ET VERBES NEUTRES.

Les verbes *actifs* sont ceux après lesquels on peut mettre *quelqu'un* ou *quelque* chose. Ainsi, on peut dire : Paul *sert* Dieu, *il gagnera* le ciel ; *servir* et *gagner* sont des verbes *actifs*. Mais on ne peut pas dire : *Je meurs* quelqu'un, je *tombe* quelque chose ; *mourir* et *tomber* sont des verbes *neutres*. Les verbes neutres sont donc ceux après lesquels on ne peut mettre ordinairement *quelqu'un* ou *quelque chose*.

La plupart des verbes *neutres* se conjuguent comme les verbes *actifs*, avec l'auxiliaire *avoir*. Mais il y en a qui prennent le verbe *être*, comme *entrer*, *partir*, *mourir*, *arriver*, etc. On dit : Je *suis* entré, tu *es* parti, etc., et non pas j'*ai* entré, tu *as* parti, etc.

Voici un modèle de ces sortes de verbes :

INDICATIF.

PRESENT.

Je tombe.
Tu tombes.
Il *ou* elle tombe.
Nous tombons.
Vous tombez.
Ils *ou* elles tombent.

IMPARFAIT.

Je tombais.

PASSÉ DEFINI.

Je tombai.

PASSÉ INDEFINI.

Je suis tombé, *ou* tombée.

PASSÉ ANTERIEUR.

Je fus tombé, *ou* tombée.

PLUS-QUE-PARFAIT.

J'étais tombé, *ou* tombée.

FUTUR.

Je tomberai.

FUTUR PASSE.

Je serai tombé, *ou* tombée.

CONDITIONNEL.

PRESENT.

Je tomberais.

PASSE PREMIER.

Je serais tombé, *ou* tombée.

PASSE SECOND.

Je fusse tombé, *ou* tombée.

IMPÉRATIF.

Tombe, etc.

SUBJONCTIF.

PRESENT OU FUTUR.

Que je tombe.

IMPARFAIT.

Que je tombasse.

PASSÉ.

Que je sois tombé, *ou* tombée.

PLUS-QUE-PARFAIT.

Que je fusse tombé, *ou* tombée.

INFINITIF.

PRESENT.

Tomber.

PASSÉ.

Être tombé, *ou* tombée.

PARTICIPES.

PRESENT.

Tombant.

PASSÉ.

Tombé, tombée, étant tombé.

FUTUR.

Devant tomber.

Ainsi se conjuguent *aller, arriver, entrer, décéder, sortir, mourir, naître, partir, devenir, venir,* etc.

(Faire classer les verbes suivants.)

Connaître, nuire, compter, paraître, conter, parler, gémir, venir, détracter, détraquer, déterrer, plaire, etc.

VERBES RÉFLÉCHIS OU PRONOMINAUX.

On appelle verbes *réfléchis* ceux dont le sujet et le complément sont de la même personne, comme *je me* corrige, *toi* qui *te* corriges, *Paul se* corrige.

Ces verbes prennent tous l'auxiliaire *être* dans leurs temps composés. Ainsi, on doit dire : Je me *suis* hasardé, tu *t'es* hasardé, etc.; et non pas je m'*ai* hasardé, tu t'*as* hasardé. En voici un modèle avec la première personne seulement de chaque temps :

INDICATIF.

PRESENT.

Je me repens.
Tu te repens.
Il se repent.
Nous nous repentons.
Vous vous repentez.
Ils se repentent.

IMPARFAIT.

Je me repentais.

PASSÉ DEFINI.

Je me repentis.

PASSÉ INDEFINI.

Je me suis repenti, *ou* repentie.

PASSÉ ANTÉRIEUR.

Je me fus repenti, *ou* repentie.

PLUS-QUE-PARFAIT.

Je m'étais repenti, *ou* repentie.

FUTUR.

Je me repentirai.

FUTUR PASSÉ.

Je me serai repenti, *ou* repentie

2.

CONDITIONNEL.

PRESENT.

Je me repentirais.

PASSE PREMIER.

Je me serais repenti, *ou* repentie.

PASSE SECOND.

Je me fusse repenti, *ou* repentie.

IMPÉRATIF.

Repens-toi, etc.

SUBJONCTIF

PRESENT *ou* FUTUR.

Que je me repente.

IMPARFAIT.

Que je me repentisse.

PASSÉ.

Que je me sois repenti, *ou* repentie.

PLUS-QUE-PARFAIT.

Que je me fusse repenti, *ou* repentie.

INFINITIF.

PRESENT.

Se repentir.

PASSÉ.

S'être repenti, *ou* repentie.

PARTICIPES.

PRESENT.

Se repentant.

PASSE.

Repenti, s'étant repenti, *ou* repentie.

FUTUR.

Devant se repentir.

Faites conjuguer les verbes que l'on dénature souvent, tels que *se boutonner, se haïr, s'attabler, s'encrasser, s'enhardir, se dédire, se hasarder, s'en aller*, qui fait : *je m'en suis allé*, et non pas *je me suis en allé*, etc. [1]

EXERCICES DE CONJUGAISON

A DOUBLE FIN [2].

INDICATIF.

PRÉSENT.

C'est moi qui me rappelle cela.
C'est toi qui te rappelles cela.
C'est lui qui se rappelle cela.

C'est nous qui nous rappelons cela.
C'est vous qui vous rappelez cela.
Ce sont eux qui se rappellent cela.

---

[1] En faisant conjuguer, faites voir que les pronoms *me, te, se, nous, vous*, sont tantôt compléments *directs*, tantôt compléments *indirects*. Cela importe pour l'application de la troisième règle du participe passé.

[2] Afin d'habituer les élèves à une règle de concordance très-importante, parce qu'elle est très-souvent violée.

IMPARFAIT.

C'est moi qui me rappelais cela, etc.

PASSÉ DÉFINI.

C'est moi qui me rappelai cela, etc.

PASSÉ INDÉFINI.

C'est moi qui me suis rappelé cela.
C'est toi qui t'es rappelé cela.
C'est lui qui s'est rappelé cela.
C'est nous qui nous sommes rappelé cela.
C'est vous qui vous êtes rappelé cela.
Ce sont eux qui se sont rappelé cela.

PLUS-QUE-PARFAIT.

C'est moi qui m'étais rappelé cela, etc.

CONDITIONNEL.

PRÉSENT.

C'est moi qui me rappellerais cela, etc.

PASSÉ PREMIER.

C'est moi qui me serais rappelé cela, etc.

PASSÉ SECOND.

C'est moi qui me fusse rappelé cela, etc.

(Analyse des verbes suivants avec indication des sujets et des compléments.)

Dieu me voit et m'entend ; il te guide et t'éclaire par la conscience et par sa loi ; il nous reprend par le remords et nous attire à lui par l'espérance et la crainte ; ses enfants se préparent des récompenses en l'aimant et des châtiments en le méprisant. Tu me donnes, tu m'as donné des arrhes. On te présente, on t'a offert des à-compte. Vous nous avez compté quelque argent. Tu nous as conté une fable.

VERBES IMPERSONELS OU UNIPERSONNELS.

On appelle verbes *impersonnels* ceux qui ne se conjuguent qu'à la troisième personne du singulier, comme *il faut, il neige, il s'agit*, etc. Ce dernier fait au passé indéfini : *il s'est agi*.

Certains verbes, comme *j'arrive, je tombe*, etc., sont quelquefois pris *impersonnellement*. Ex. : Que de maux *il m'est arrivé* ! que de grêle *il était tombé* ! On reconnaît que les verbes sont *impersonnels* ou pris *impersonnellement*, quand le mot *il* ne se rapporte à aucun nom exprimé [1].

(Analyse des mots en italique.)

Efforçons-nous d'être *utiles* à nos semblables. Rends *contents* de toi ton père et ta mère. Regarde comme *sacrés* la lettre et le secret que

[1] Un modèle nous semble inutile.

l'on te confie. Ne renvoie pas *mécontents* ceux qui ont affaire à toi. Prends garde d'avoir pour *amis* les ennemis de Dieu. On trouve *admirables* les préceptes de l'Evangile. Tâchons de rendre *méritoires* pour le ciel les peines inséparables de cette vie.

CHAPITRE VI.

LE PARTICIPE.

Le PARTICIPE est un mot qui se trouve dans la conjugaison du verbe, *aimant, aimé,* et qui marque tantôt une qualité ou un état, comme *vieillard honoré;* tantôt une action, comme *lisant de bons livres.*

Il y a ainsi deux sortes de participe : le participe *présent,* toujours terminé en *ant,* comme *travaillant;* et le participe *passé,* qui se termine par une voyelle ou par une consonne, comme dans les suivants : *Désoccupé, découvert, compris, conduit, déteint, nui.* C'est en mettant le participe au féminin, que l'on trouve ordinairement par quelle lettre il se termine au masculin : *Découvert, découverte; compris, comprise; conduit, conduite,* etc.

(Exercice ou Analyse.)

Je me suis *réjoui* et je me *réjouis* du bonheur de mes semblables. J'ai *rougi,* je *rougis* de ma paresse. Il se *mit,* il s'est *mis* à prier. On m'a *repris* et *puni* de mes fautes. Il m'a *nui,* il me *nuit* encore.

Quand le participe *présent* marque une qualité, un état, une manière d'être, il s'accorde, comme l'adjectif, avec le nom auquel il se rapporte. Ex. : Des enfants *aimants* et *caressants.* Des jeux *divertissants.* Dans ce cas, le participe *présent* prend le nom d'adjectif *verbal,* c'est-à-dire qui dérive d'un verbe.

Mais ce participe reste invariable, s'il est suivi d'un complément direct, ou s'il marque une action ordinairement de courte durée. Ex. : On n'aime point les personnes *se mêlant* des affaires d'autrui et *négligeant* les leurs propres [1].

---

[1] Les personnes illettrées diraient : On n'aime point les gens *qui se mêlent, qui négligent,* etc.; et elles éviteraient ainsi la difficulté grammaticale

Beaucoup de participes *présents* sont passés à l'état d'ad-*jectifs*. Ex. : Deux couleurs *approchantes* l'une de l'autre. Une pâte molle et *résistante* au feu. Le capital et les intérêts *cou-rants*. Adresser une demande *tendante* à obtenir un secours. C'est une maison à moi *appartenante*. Deux affaires *dépendantes* l'une de l'autre. Des portraits *ressemblants* au vôtre. Je vous ai payé en beaux deniers *comptants*. Elle est toujours *pleurante, gémissante* et *souffrante*. (Acad.)

S'ils marquaient une action présente, et non un état habi-tuel, ils deviendraient invariables. Ex. : J'ai vu cette femme *souffrant* beaucoup et *pleurant* à chaudes larmes.

Le participe passé est tantôt variable, et tantôt invariable.

PREMIÈRE RÈGLE. Quand il n'est précédé ni du verbe *être*, ni du verbe *avoir*, il est variable comme l'adjectif. Ex. : Un vi-sage *coloré*. Des cartes *coloriées*. On trouve bien *faits* les ou-vrages de Dieu.

(Analyse des mots en italique.)

Ces ouvriers nous ont paru tous *ensanglantés* (¹) (et non *ensaignés*). *Accablés* de maux sur cette terre, portons nos regards vers la céleste demeure. Ne restez pas *exposés* à un courant d'air, quand vous avez bien chaud. La vie se trouve *mêlée* de bien et de mal.

DEUXIÈME RÈGLE. Le participe passé conjugué avec *être* s'ac-corde en genre et en nombre avec le sujet. Ex. : Nous sommes *plongés* dans l'air comme les poissons dans l'eau. Cette troupe d'enfants est *partie* à midi précis (et non pas à midi précise) (²). La vie et la liberté nous ont été *données* pour une fin im-mortelle.

TROISIÈME RÈGLE. Le participe passé précédé du verbe *avoir* reste invariable, s'il est suivi de son complément direct ou s'il n'en a pas. Exemples :

qui résulte du tour de phrase. Aussi les participes *présents* n'ont-ils pas, selon nous, pour le commun des hommes, l'importance qu'on y attache.

(¹) On dirait *tout ensanglantés*, si l'on avait dans l'esprit l'idée d'entière-ment, au lieu de l'idée de *totalité*.

(²) On n'a pas encore dit qu'il est des cas où l'accord du participe avec le mot qui suit le collectif partitif n'est pas possible. Ex. : Dans un tableau, un groupe de guerriers *symétrise* bien avec un groupe de femmes, etc.

Mes beaux-frères ont *recouvert* leur maison. Ma sœur a *recouvré* la santé. Les blés n'ont pas encore *levé*.

Recouvert et *recouvré*, précédés du verbe *avoir*, ne s'accordent pas, parce qu'ils sont suivis, chacun, de leur complément direct, *maison* et *santé*. *Levé* est aussi invariable, parce qu'il n'a pas de complément direct.

Au contraire, le participe s'accorde s'il est précédé de son complément direct. Ex. : Les objets que vous m'aviez *empruntés*, pourquoi les avez-vous *prêtés*? *Empruntés* et *prêtés* s'accordent, parce qu'ils sont précédés, chacun, du verbe *avoir* et de leur complément direct, *que* et *les*.

(Analyse des verbes en italique avec indication des sujets et des compléments.)

Que d'accidents vous *avez occasionnés* par mégarde! C'est toi, ma sœur, qui nous *as quittés* sur le minuit (et non sur les minuit). C'est nous, ma filleule, qui t'*avons rencontrée* hier vers le midi. Suivez la voie que vous *ont tracée* les enseignements de Jésus-Christ.

Les participes passés des verbes réfléchis suivent la même règle, parce que le verbe *être* y est mis pour le verbe *avoir*. Ex. : Ils se sont *coupé* la main. Nous nous sommes *coupés* à la main.

On écrit sans faire accorder : Les actions du Sauveur que j'ai *entendu* louer, parce que le pronom *que* n'est pas le complément du participe *entendu*, mais du verbe *louer*.

Écrivez de même sans accord : Dieu ne vous a-t-il pas accordé plus de bienfaits que vous n'en avez *mérité* ?

Mérité est invariable, parce qu'il manque de complément direct; le *que* qui précède est une conjonction amenée par *plus*. C'est comme si l'on disait : Dieu ne vous a-t-il pas accordé des bienfaits *plus que*, etc. ?

Les participes des verbes *impersonnels* ou pris *impersonnellement* sont invariables. Ex. : Que de grêle il est *tombé!* Que de malheurs il m'est *survenu!* Quelle chaleur il a *fait!*

Nota. Faut-il écrire : Le peu de bierre que j'ai *bu* ou *bue?* la bande de journaliers que j'ai *rencontrée* ou *très?* Questions de rapport et non de participe, dit un auteur distingué. Cela ne dépend que de la pensée de celui qui écrit: Il écrira *bu* ou *bue*, etc., selon qu'il rapportera *que* à *peu* ou à *bierre*, etc.

EXERCICE VERBAL SUR LES VERBES.

D. Les verbes il *secourt*, il *entoure*, se terminent-ils par la même lettre ? **R.** Non. Il *secourt*, venant de *secourir*, se termine par un *t* comme son modèle de conjugaison *finir*, c'est-à-dire, comme il *finit*; tandis que il *entoure*, venant de *entourer*, se termine par un *e* comme son modèle, c'est-à-dire, comme il *aime*. (Mêmes questions avec il *pleure* et il *meurt*, je me *fourvoie* et je me *pourvois*.)

D. Les verbes se terminent donc comme leur modèle de conjugaison? **R.** Oui, sauf les exceptions indiquées aux verbes *irréguliers*. Ainsi, *écris-moi*, *console-toi*, etc., se terminent comme *rends-moi*, *aime-toi*; qu'il *parcoure*, comme qu'il *finisse*.

D. Pourquoi il *corrompt* ne se termine-t-il pas comme son modèle il *rend* ? **R.** C'est que le *d*, dans ces derniers verbes, tient lieu du *t* ([1]).

D. Je *mettrai*, je *jetterai*, prennent-ils tous deux un *e* devant *rai* ? **R.** Non. Je *mettrai* ne prend point d'*e* devant *rai* ou *rais*, parce que son modèle n'en prend point : je *rend-rai*. Je *jetterai* en prend un comme son modèle au même temps : j'*aim-erai*. (Mêmes questions avec il *fondera* un hospice, il *fondra* du plomb, etc.) ([2])

CHAPITRE VII.

MOTS INVARIABLES.

L'ADVERBE.

L'ADVERBE est un mot que l'on joint au verbe et à l'adjectif pour les modifier, c'est-à-dire, pour y ajouter quelque idée particulière, soit de temps ou de lieu, soit de manière ou de quantité, etc. Ex. : Vous qui êtes *très* gai, vous pouvez mourir *ici demain douloureusement*... *Très* ajoute à l'adjectif *gai* une idée d'intensité ou de quantité; *ici* ajoute au verbe une idée de localité; *demain* une idée de temps; *douloureusement* une idée de manière. Ces mots sont des adverbes.

L'adverbe peut aussi modifier un autre adverbe, comme *très-gaiement*.

([1]) Il y a exception pour *convaincre* et *vaincre* : il *convainc*.
([2]) Il n'y a d'exception que pour *asseoir*, qui s'écrit : j'*assoy-erai*. (Acad.)

Il y a un grand nombre d'adverbes. En voici quelques-uns : *là, ou, ailleurs, bien, beaucoup, courageusement, confidemment, peu,* etc.

ADJECTIFS PRIS ADVERBIALEMENT.

On vous payera quatre mille francs *comptant.* Ces fleurs sont *clair-semées*; elles sentent *bon.* Vos étoffes coûtent *cher.* Ils chantent *juste.* Des enfants *nouveau-nés,* etc.

On appelle *locution adverbiale* tout assemblage de mots remplissant la fonction d'adverbe; tels sont : *au hasard, par derrière, tant pis, de pis en pis, à l'envi, par mégarde, çà et là, en haut, à reculons, au rebours, à bras-le-corps* (et non *à brasse-corps*), *sens devant derrière, à tout hasard, à contre-poil, en deçà, au-delà, de mal en pis, au comptant* (vendre au) (¹).

(¹) Beaucoup de ces mots sont fort importants, parce qu'on les défigure souvent, en disant : *à l'hasard, tant pire, par mégard, à la rebours,* etc.

CHAPITRE VIII.

LA PRÉPOSITION.

Quand je dis : Paul est *devant* ou *derrière* Pierre; ce livre est *sur* ou *sous* la table; les mots *devant, derrière, sur, sous,* me font connaître la situation de Paul relativement à Pierre, et la position du livre par rapport à la table. Ces sortes de mots sont appelés *prépositions,* qui servent à marquer les divers rapports entre les personnes ou entre les choses.

Les prépositions les plus usitées sont : *à, pour, vers, pendant, contre, avec,* etc.

Les réunions des mots remplissant les fonctions de prépositions s'appellent *locutions prépositives*; telles que : *à côté de, afin de, quant à, vis-à-vis de, autour de, à l'insu de,* etc.

La préposition se distingue ordinairement de l'adverbe en ce que la préposition est suivie d'un complément : *à Paris, vers nous*; tandis que l'adverbe n'en a point le plus souvent : parler *peu,* travailler *ardemment.*

CHAPITRE IX.

LA CONJONCTION.

La Conjonction est un mot qui sert à joindre les mots entre eux ou les idées entre elles. Ex. : Les petits *comme* les grands, riches *ou* pauvres, doivent également faire le bien *et* éviter le mal.

Les mots *comme, ou, et*, qui unissent *petits* avec *grands, riches* avec *pauvres, faire le bien* avec *éviter le mal*, sont des *conjonctions*.

On appelle *locution conjonctive* tout assemblage de mots faisant la fonction de conjonction. Ex. : *Aussitôt que, après que, dès que*, etc.

Les conjonctions qu'il est surtout utile de connaître, sont celles qui demandent le verbe suivant au subjonctif, telles que : *quoique, afin que, pour que, à moins que, de crainte que, sans que, jusqu'à ce que, de peur que, soit que, pourvu que*, etc. Ex. : Ne te mêle point des intérêts d'autrui, *à moins que* la nécessité ne le *requière. Dans la crainte que* je ne meure subitement, j'aurai toujours ma conscience en règle. Cette vie ne nous est donnée, *qu'afin que nous l'employions* à mériter l'autre. Je le vois *sans qu'il me voie*.

La conjonction *si* ne demande pas nécessairement le subjonctif. On dit indifféremment : Si j'avais voulu ou si j'eusse voulu ; et non pas si *j'eus* voulu, comme on dit souvent.

CHAPITRE X.

L'INTERJECTION.

L'interjection est un mot dont on se sert pour exprimer un sentiment de l'âme, comme la joie, la douleur, la surprise, etc.

1. La joie : *Ah! Bon!*
2. La douleur : *Aïe! Ah! Hélas!*

3. La crainte : *Ha ! Hé !*
4. L'aversion : *Fi ! Fi donc !*
5. L'admiration : *Ho !*
6. Pour encourager : *Çà. Allons ! Courage !*
7. Pour appeler : *Holà ! Hé !*
8. Pour faire taire : *Chut ! Paix !*

CHAPITRE XI.

REMARQUES PARTICULIÈRES.

SUR L'ARTICLE.

RÈGLE. Quand un nom n'exprime qu'une partie des personnes ou des choses dont on parle, et qu'il est précédé d'un adjectif, on emploie simplement *de* et non pas *des* devant cet adjectif. Ex. : J'ai mangé *de* bons fruits. Je me lève *de* bon matin. Je ne m'arrêterai pas à *de* mauvaises pensées, et non pas *des* mauvaises pensées (¹).

On suit la même règle, si le nom est sous-entendu. Ex. : Vous savez les belles actions du Sauveur, faites-en *de* pareilles, et non pas *des* pareilles. Prends d'innocents plaisirs, et n'en cherche pas *d'*autres, et non pas *des* autres.

SUR LES ADJECTIFS.

Quelque devant un nom ou devant un adjectif suivi d'un nom est ordinairement adjectif et s'accorde avec ce nom. Ex. : *Quelques* qualités ou *quelques* grandes qualités que vous ayez, vous avez assez de défauts pour être modeste. *Quelque* devant un adjectif seulement est adverbe. Ex. : *Quelque* peureux que nous soyons dans le péril, nous le serions moins, si notre conscience ne nous reprochait rien. *Quelque* suivi d'un verbe s'écrit en deux mots (*quel que*) ; *quel* s'accorde avec le nom, et *que* reste invariable. Ex. : Quand vous aurez bien chaud, gardez-vous de boire froid, *quelle que* soit la soif qui vous dévore.

(¹) Excepté quand l'adjectif et le nom sont considérés comme ne formant qu'un seul mot, comme *jeunes gens, bon mot, petit pois,* etc.

Les adjectifs ne sont pas toujours suivis des mêmes prépositions, comme *agréable* à Dieu, *digne* de blâme. Par conséquent, il ne faut pas employer deux adjectifs de suite s'ils ne demandent pas la même préposition. Ne dites donc pas : Il est insensible et indigne de mes bontés ; parce que *insensible* veut après lui *à* et *indigne* veut *de.*

Vingt et *cent* prennent une *s* quand il s'agit de plusieurs *vingts* et de plusieurs *cents*. Ex. : quatre-*vingts* francs, cinq *cents* almanachs; excepté s'ils sont suivis d'un autre nom de nombre : quatre-*vingt*-deux francs, cinq *cent* quinze tonneaux.

Mille s'écrit sans *s*, quand il signifie dix fois cent : trois *mille* francs. Il s'écrit *mil*, quand il sert à marquer la date des années depuis Jésus-Christ : *mil* huit cent cinquante.

Demi est invariable, quand il précède le nom. Ex. : Une *demi*-heure. *Demi* placé après le nom s'accorde en genre seulement avec ce nom. Ex. : Deux heures et *demie*. C'est comme s'il y avait : deux heures et une heure *demie*.

SUR LES PRONOMS.

Quand le pronom *le* se rapporte à un adjectif, ou à un nom pris adjectivement, à un participe passé, il reste toujours invariable, c'est-à-dire que l'on n'emploie jamais *la* ou *les*. Ainsi, une femme doit dire : Je suis affligée et je *le* serai longtemps, et non pas je *la* serai, parce qu'elle veut dire, je serai cela, *affligée*. Elle doit dire également : J'ai été plus malade que je ne *le* suis, et non pas que je *la* suis [1].

REMARQUE. Ce s'élide et prend une cédille devant le verbe *avoir*, Ex. : Si j'ai agi ainsi, *ç'a* été pour vous faire plaisir. La cédille se supprime devant *en* : *C'en* est trop, *c'en* est fait.

On est correct en disant :

Donne-m'en,	Place-m'y *ou* places-y-moi.
Donne-t'en.	Place-t'y [2].

NOTA. Pour donner des règles *exactes* sur *tout* et *même*, il faudrait des développements qui excéderaient les bornes de cet abrégé. Ils n'ont pas du reste l'importance qu'on leur suppose.

[1] Il est inutile de dire que *le* est variable quand il se rapporte à un nom, parce que, dans ce cas, personne n'emploie *la* ou *les*, et ne parle incorrectement.

[2] Ces façons de parler, usitées avec un petit nombre de verbes, sont

Donnez-nous-en.	Placez-nous-y.
Donnez-vous-en.	Placez-vous-y.
Donnez-leur-en.	Placez-les-y.

Mais c'est une faute grossière que de dire :

Donne-moi-z-en. Donnez-leur-z-en. Place-moi-z-y. Place-toi-z-y.

Le pronom *soi* ne s'emploie ordinairement qu'avec les mots *on, chacun, personne, quiconque,* etc. Dites : Quiconque ne songe qu'à *soi* est un égoïste. Personne ne doit se louer *soi-même* et non pas *lui-même.*

SUR LE VERBE.

Le verbe être précédé de ce.

Quand *ce* est devant le verbe *être,* comme *c'est* moi, *c'est* mon pays, on met ordinairement ce verbe *être* au pluriel, s'il est suivi d'une troisième personne plurielle. Ex. : Nos meilleurs amis, *ce sont* nos parents; *ce sont* eux qui nous aiment le plus. Et non pas *c'est* nos parents ; *c'est* eux qui nous aiment le plus (¹).

Il ne faut pas employer deux verbes de suite, quand ils exigent des modes différents. Ne dites donc pas : Je *désire* et j'*espère* qu'il réussira, parce que j'*espère* demande l'indicatif, tandis que je *désire* exige le subjonctif. Dites : Je *désire* qu'il réussisse et j'*en ai* l'espérance.

———

Rien n'est plus grossier et plus commun que de dire : Voici les choses *que* j'ai le plus besoin. C'est une chose *que* je n'y ai pas fait attention. Voilà un puits *qu'*il n'y a plus d'eau. C'est un homme *qu'*on ne peut avoir confiance en lui, etc. Dites : Voici les choses *dont* j'ai le plus besoin. C'est une chose à *laquelle* je n'ai pas fait attention. Voilà un puits *dans* lequel il n'y a plus d'eau. C'est un homme *en qui* on ne peut avoir confiance.

familières et même bizarres. On les évite dans le style noble (Acad., au mot *tu*). Un grammairien distingué se trompe donc quand il dit que *placez-y-moi* est une faute grossière.

(¹) Le singulier est permis dans certains cas. Ex. : Ce n'étaient ou ce n'était que festins. Quand ce serait ou ce seraient vos amis, etc. (Acad.)

MODÈLES D'EXERCICE.

De même que l'on dit :	De même on doit dire :
Je respecterai les vieillards.	Les vieillards *que* je respecterai.
On ne fait point de cas de cet usurier.	C'est un usurier *dont* on ne fait aucun cas.
Il ne manquait rien à cette fête.	C'est une fête *à laquelle* il ne manquait rien (et non pas il *n'y* manquait rien).
On ne peut compter sur un tel homme.	C'est un homme *sur lequel* on ne peut compter.
Il est difficile de vivre avec un tel personnage.	C'est un personnage *avec lequel* il est difficile de vivre.
Personne ne m'a donné connaissance de ce fait, etc., etc.	C'est un fait *dont* personne ne m'a donné connaissance.

On emploie *que* dans le premier exemple, parce que le nom dont il tient la place est complément direct dans l'exemple correspondant (Respectez les vieillards). On emploie *dont* dans le deuxième exemple, parce que le nom qu'il remplace, est complément indirect précédé du mot *de* dans l'exemple correspondant (Ne pas faire cas *de cet usurier*), etc. (1).

Mode subjonctif. On emploie habituellement le subjonctif après les verbes qui expriment le doute, le désir, la crainte, la volonté, la défense, le commandement, etc.

EXEMPLES.

Aie bien soin, ma sœur, que ton fils *acquière* l'estime de ses maîtres, comme le mien l'acquiert tous les jours.

Ne craignez pas que *j'aie été* en butte à la haine, et que le but de mes désirs soit manqué.

Je désire que vous *payiez* comptant ce que vous achèterez.

Il ne faut pas que le riche se *croie* plus que le pauvre, parce qu'il est pétri du même limon.

(1) Nous ne pouvons trop stimuler le zèle des maîtres sur ce point grammatical, un des plus importants de la syntaxe, parce qu'il n'en est point où notre langue soit plus souvent et plus honteusement *outragée*, même dans la classe moyenne. Le silence des grammaires sur ce point est à nos yeux aussi incompréhensible qu'inexcusable.

Quand le premier verbe exige le subjonctif, à quel temps de ce mode faut-il mettre le verbe suivant (¹)?

RÈGLE. Quand le premier verbe est à l'un des cinq passés de l'indicatif ou au conditionnel, on met ordinairement le second à l'imparfait du subjonctif pour exprimer un présent ou un futur, et au plus-que-parfait pour exprimer un passé. Dites : Je voudrais, j'ai voulu, je voulais, etc., que votre fils *raisonnât* moins, et non pas *raisonne*. Nous aimerions, nous aurions aimé que cet instrument *eût résonné* davantage, et non pas *ait résonné* (²).

(Analyse des verbes en italique.)

Ne t'entretiens pas des défauts d'autrui, parce que tu ne voudrais pas que l'on *s'entretînt* des tiens. Il serait bien à désirer que vous *fussiez* dociles aux inspirations de votre conscience, qui est la voix de Dieu même. Je voudrais que l'on vous *effrayât* sur le danger que l'on court en passant trop promptement du chaud au froid. J'aimerais que l'homme *se dît* souvent à lui-même : si Dieu est le premier des êtres, la religion doit être le premier de mes devoirs.

SUR L'ADVERBE.

Plus tôt s'écrit en deux mots quand il est l'opposé de *plus tard*. Ex. : Tant pis (et non *tant pire*) si vous arrivez *plus tôt* que moi. *Plutôt* s'écrit en un seul mot, quand il marque une idée de préférence ou qu'il signifie *aussitôt que*. Ex. : Souffrez *plutôt* que de vous venger. Il n'eut pas *plutôt* pansé sa plaie, qu'il pensa mourir (³).

Alentour et *auparavant* ne veulent pas de complément après eux. Ne dites pas : Nous voyageons tous les ans avec la terre *alentour* du soleil; dites : *autour* du soleil.

Dites : Cherchons *avant* tout la pureté de la conscience, et

---

(¹) La règle inexacte des grammaires, pour l'emploi des temps après un présent ou un futur, est parfaitement inutile, par la raison bien simple qu'elle n'est jamais violée par personne, et que par conséquent il n'y a point d'incorrections à prévenir ou à rectifier.

(²) Cette règle des grammaires n'est point satisfaisante. Nous regrettons que l'espace nous manque pour traiter cette matière importante d'une manière plus détaillée et plus exacte, plus raisonnée, moins mécanique qu'on ne l'a fait jusqu'ici.

(³) On parle grossièrement en disant : *Je me le pense bien* ou *je me le suis bien pensé*. Dites : *Je le pense bien, je l'ai bien pensé.*

non pas *auparavant* tout. Il faut te rendre compte de ta journée *avant* de te livrer au sommeil, et non pas *auparavant* de te livrer au sommeil.

N'employez pas l'adjectif *pire* pour *pis*, qui est adverbe. Dites : Ce malade allait bien hier, mais il va *pis* aujourd'hui, et non pas *pire*. Cet homme a volé, dévasté et fait *pis* encore, et non pas *pire*. Mais il faut dire : Ce vin est *pire* que le premier. *Pis* équivaut à plus mal, et *pire* à plus mauvais.

Les noms doivent être suivis de *ci* et non pas de *ici*. Dites : Dans ce moment-*ci*, ces jours-*ci* ; et non pas dans ce moment-*ici*, ces jours-*ici*.

Ne dites pas : de la confiance en Dieu, j'en ai *davantage que* vous. Dites *plus que* vous. (¹).

SUR LA PRÉPOSITION.

Près de signifie *sur le point de*. Ex. : Le soleil est *près de* se coucher. Je suis *près de* partir. *Prêt à* signifie *disposé à*. Ex.: Celui qui est *près de* mourir n'est pas toujours *prêt à* mourir.

Malgré que n'est point usité ; il faut le remplacer par *quoique*. Dites : L'homme est ingrat envers Dieu, *quoiqu'il* soit accablé de ses bienfaits ; et non pas *malgré qu'il* soit accablé de ses bienfaits. Excepté dans cette phrase consacrée : *Malgré qu'il* en ait, c'est-à-dire, contre son gré. (Acad.)

Ne confondez pas *quand* et *quant à*. *Quand*, conjonction, peut se remplacer par *lorsque*. Ex. : *Quand* le riche mourra, il n'emportera que ses vices ou ses vertus. *Quant à*, locution prépositive, peut se remplacer par *à l'égard de*. Ex. : *Quant à* la vie éternelle, ce n'est pas une petite affaire que de la gagner ou de la perdre. *Quant aux* plaisirs, ils nous séduisent sans nous satisfaire.

(¹). *Tous* nos écrivains ont employé *davantage que* dans un certain cas : c'est celui où *davantage* est séparé de *que* par un repos ou une virgule. Ex.: Rien en cette vie ne devrait nous intéresser *davantage*, *que* notre salut éternel. (Massill.) La raison de cette préférence est une raison d'euphonie, l'oreille étant bien plus flattée lorsque la voix repose sur une syllabe sonore, que quand elle ne s'appuie que sur une syllabe sourde, telle que *plus*. *Tous* ont également employé *davantage* dans le sens de *le plus*. C'est une double vérité que nous serions en mesure de justifier par une foule d'exemples.

SUR LA CONJONCTION.

Quoi que, en deux mots signifie *quelque chose que*. Ex.: Fa
son devoir, *quoi qu'il en coûte*. et *quoi qu'on en dise, c'est
vertu. C'est-à-dire *quelque chose qu'il en coûte*.

Quoique en un mot signifie *bien que* ou *quand même*. Ex. *Qu...
que* nous soyons portés au mal, notre conscience nous défend
le commettre. C'est-à-dire *bien que* nous soyons portés
mal, etc.

Parce que en deux mots signifie *attendu que*. Ex.: Je fuis le m...
parce qu'il offense Dieu. C'est-à-dire *attendu qu'il offense Die...

Par ce que en trois mots signifie *par la chose que*. Ex.: *Par
que* j'ai ouï dire, vous préférez vos devoirs à tout. C'est-à-di...
par les choses que j'ai ouï dire, etc.

Ou, conjonction, ne prend point d'accent. Le mot *bien* pe...
toujours se mettre après lui. Ex. : Nous serons récompensés
punis, selon le bien *ou* le mal que nous aurons fait. On pe...
dire : récompensés *ou bien* punis.

Où, adverbe ou pronom, doit être surmonté d'un acce...
grave. Ex. : Vous ignorez donc *où* conduit l'abus des liqueur...
Le mal nous vient souvent d'*où* nous attendions le bonheur.

PONCTUATION.

Il y a six marques ou signes pour distinguer, en écrivan...
les phrases entre elles, et pour indiquer les endroits du disco...
où l'on doit s'arrêter :

1° La *virgule* (,) se met après les noms, les adjectifs et l...
verbes qui se suivent. Ex. : *Les plaisirs, la fortune, la glo...
ne font pas le bonheur. Soyez honnêtes, laborieux, économ...
et les amis de Dieu et des hommes. Le mauvais chrétien bo...
mange, dort, soigne son corps sans cultiver son âme.*

La *virgule* sert encore à distinguer les différentes parti...
d'une phrase : Ex. : *Il faut être juste envers les hommes, et...
pas être ingrat envers Dieu.*

2° Le *point-virgule* (;) se met entre deux phrases dont l'u...
dépend de l'autre. Ex. : *La fermeté sans douceur est de...
dureté; mais la douceur sans fermeté est de la faiblesse.*

5° Les *deux-points* (:) se mettent après une phrase finie, mais suivie d'une autre qui sert à l'expliquer ou à l'étendre. Ex. : *Il ne faut jamais se moquer des malheureux : car, qui peut s'assurer d'être toujours heureux.*

Ils se mettent aussi avant une énumération. Ex. : Il y a quatre saisons : *le printemps, l'été, l'automne et l'hiver.*

4° Le *point* (.) se met à la fin des phrases, quand le sens est entièrement fini. Ex. : *Les années s'écoulent rapidement. Encore quelques années et je serai dans la tombe.*

5° Le *point interrogatif* (?) se met à la fin des phrases qui expriment une interrogation. Ex. : *Quand perd-on la foi? N'est-ce pas quand on a corrompu ses mœurs?*

6° Le *point exclamatif* (!) se met après les phrases qui expriment l'admiration, la douleur, la surprise, etc. Ex. : *Quel lourd fardeau qu'une mauvaise conscience!*

APPENDICE.

Genre de quelques noms.

Sont masculins :	Sont féminins :
Amadou. De bon amadou.	Alcôve. Une alcôve fermante.
Exemple. Un bel exemple.	Dinde. Une grosse dinde.
Éloge. Un bel éloge.	Écritoire. Une belle écritoire.
Emplâtre. Un petit emplâtre.	Enclume. Une petite enclume.
Hôtel. Un bel hôtel.	Horloge. Une belle horloge.
Indice. Un bon indice.	Huile. De bonne huile.
Incendie. Un grand incendie.	Épitaphe. Une belle épitaphe.
Légumes. De bons légumes.	Offres. De belles offres.
Midi. A midi précis.	Pâques (dévotions). Mes pâques sont faites.
Monticule. Un monticule.	
Ongle. De grands ongles.	Orgue est masculin au singulier et féminin au pluriel :
Serpent. Un gros serpent.	Un bel orgue. De belles orgues.
Paraphe ou parafe. Un beau paraphe.	
	Estime. Une grande estime.
Ustensiles. De beaux ustensiles.	Aide (secours). Il aurait besoin d'une aide.

3

NOMS COMPOSÉS.

Les noms formés de deux ou trois mots réunis par un trait d'union s'appellent *noms composés*.

Quand un nom est composé d'un adjectif et d'un nom, ils prennent tous deux la marque du pluriel. Ex. : Un *beau-frère*, des *beaux-frères*; une *belle-mère*, des *belles-mères*; un *arc-boutant*, des *arcs-boutants*; excepté un *blanc-seing*, des *blanc-seings*, etc.

Quand un nom est composé de deux noms unis par une préposition, on ne met le signe du pluriel qu'au premier. Ex. : un *chef-d'œuvre*, des *chefs-d'œuvre*; un *ciel-de-lit*, des *ciels-de-lit*, etc. Excepté des *tête-à-tête*, etc.

Quand il est composé d'un nom joint à une préposition ou à un verbe, le nom seul prend ordinairement le signe du pluriel. Ex. : Un *contre-coup*, des *contre-coups*; un *garde-fou*, des *garde-fous*, etc.

Mais on écrira sans le signe du pluriel : des *ouï-dire*, des *qu'en-dira-t-on*, des *passe-partout*, etc., parce que ces mots sont invariables de leur nature.

Noms composés les plus communs.

Le petit-fils,	Les petits-fils.
Le petit-neveu,	Les petits-neveux.
Le beau-frère,	Les beaux-frères.
La belle-sœur,	Les belles-sœurs.
Le grand-oncle,	Les grands-oncles.
La grand'mère,	Les grand'mères.
Une garde-malade,	Des gardes-malades (¹).

EXERCICES

SUR LE PRONOM ET L'ADJECTIF.

(Faites transcrire et corriger quand il y a lieu.) (²)

I.

Quel hasard vous amène ici? *Quel* douleur vous accable?

(¹) *Garde*, dans ce cas, est un nom. (Acad.) Des gardes pour les malades.
(²) Les mots en italique seront tantôt corrects, tantôt incorrects.

Quel malheurs sont les vôtres ? Vos intentions ne sont pas *purs* comme les miennes. Que vos paroles ne soient *dures* pour personne. Songez à votre fin *immortel*. La hauteur et l'orgueil *insupportable*. Votre position n'est pas *tel* que vous le dites. Le vrai chrétien espère une vie *meilleure* que celle-ci.

II.

Cet hardiesse est révoltante. *Cet* écueil est dangereux. Mes peines sont plus *cruels* que les tiennes. Surveillez les enfants ; *leurs* caractère est léger et *leur* penchants sont vicieux. Mes espérances sont *celles* que la religion me donne. *Quel* satisfaction procurent les bonnes actions ! L'innocence m'est plus *cher* que la fortune. Vos alcôves sont *pareils* aux nôtres.

III.

Corrige les défauts *auxquel* tu es sujet. La porte par *laquelle* on va au ciel est étroite. Tant que nous serons *pleins* de nous-mêmes, tout nous choquera dans autrui. La première dette est *celles* que nous devons à Dieu. Conforme tes actions à *celle* du Sauveur. La religion nous ordonne *toutes* les vertus et nous défend jusqu'aux *mauvaise* pensées. Vois la malpropreté dans *laquel* tu vis. Montrez-vous *dociles* aux avis *paternel*.

IV.

La religion nous apprend à être *charitable* envers nos frères, *patients* dans les injures, *résigné* dans les afflictions, *modestes* dans la prospérité, *fidèles* à nos maîtres, *affables* envers nos inférieurs et *équitable* envers tous les hommes. Il n'y a pour nous qu'un moyen d'être heureux, et des millions d'être *misérable*. Les suicides sont tout à la fois bien lâches et bien *téméraire* : ne pouvant supporter le temps, *il* bravent l'éternité.

V.

Les peines du chrétien pour mériter le ciel sont-*elle* comparables à *celle* du mondain pour acquérir de la fortune ? Les œuvres *extérieurs* de la piété ne sont saintes qu'autant qu'*elle* nous corrigent et nous rendent *meilleurs*. Les *meilleurs* gardes-malades ne sont pas *celle* que l'on salarie, mais *celles* que la religion conduit dans les hôpitaux. La piété, la vertu paraissent *impossible* aux mauvais sujets.

VI.

On sait par expérience que la prière et les sacrements rendent *facile* tous les devoirs religieux. Si Dieu ne rendait pas heureux et *contents* ceux qui le servent, crois-tu qu'il aurait un seul vrai serviteur sur la terre? Choisis toujours pour *ami* les plus sages de tes camarades. Pour être *innocents* devant les hommes, êtes-vous *sûr* de n'être pas coupables devant Dieu? Les peines de l'âme sont souvent comme *celle* du corps, si *grandes* qu'on ne les sent pas. Les grands malheurs par *lesquel* j'ai passé, m'ont ramené à Dieu.

VII.

L'économie est pour tout le monde une ressource *assurée*, et l'on peut dire qu'il n'y a de *misérable* en général que ceux qui veulent l'être. Les apprentis doivent travailler pour *leur* patrons comme *il* travailleraient pour eux-mêmes. Combien y en a-t-il qui emploient les lumières de *leur* raison à obscurcir *celle* de la foi! Ne crois pas à la religion parce qu'elle est utile, mais parce qu'elle est *vrai.* La malice des hommes les rend trop *crédule* sur les fautes d'autrui.

Votre cousine et sa bru étaient *gais* et *gentille*, les qualités *supérieurs* qu'on *leur* donne étaient bien méritées. Les hommes mûrs ont *leurs* travers, comme les vieillards ont les *leurs* (1).

VIII.

Ne tolérez pas les défauts de vos élèves; quant à *leur* fautes d'étourderie, pardonnez-les-*leur* quelquefois. Vos frères ont pris mes effets pour les *leurs*. Dieu est infiniment bon envers nous, parce qu'il nous a mis en état et nous a fourni les moyens de mériter une félicité *éternel.* Pardonne quelque chose à un *vieil* ami, à sa *vieil* amitié. Je hais ce *nouvel* usage, *cet nouvel* habitude. L'école *public* se fait dans *cet* édifice *public. Tel* vous avez vécu, Messieurs, *tels* vous mourrez. On m'a fait plusieurs questions, *telles que* les suivantes.

IX.

Que de vieillards *éclopés*, que de femmes *perclus* par suite d'excès ou d'imprudences! Je suis charmé des services de ton

---

(1) *Les leurs*, pronom variable, a pour singulier *le leur* ou *la leur;* tandis que *leur*, pronom invariable, a pour singulier *lui*, et signifie *à eux* ou *à elles.*

filleul et de ta jeune *apprenti*, qui sont ici fort *estimés*. Renonce à ta hauteur et à ta jalousie *révoltante*. Ces étoffes *bleu* sont *meilleurs* que les nôtres. Ta hache est plus *chère* que la mienne. Je quitterai *cet* habitation peu *sûr* et mal *aéré*. Vos yeux et vos mains sont plus *enflés* que les nôtres. *Cet* hardiesse et *cet* emportement me paraissent *ridicule*. Voilà ton parrain et ta marraine *auxquel* tu as tant d'obligations. Les sentiments des âmes *vil* et *abject* sont réprouvés de tout le monde. Notre corps est *mortel* et notre âme est *immortel*.

SUR LA CONCORDANCE DU VERBE AVEC SON SUJET.

(Faire transcrire et corriger convenablement.)

I.

Tu nous *aimes*, mon enfant, parce que tu *as* toujours préféré notre volonté à la tienne. Les orages ne *cause* que des dommages isolés, tandis qu'ils *procurent* des biens généraux ; car ils *purifie* l'atmosphère, et *causent* un bien-être parmi tous les êtres vivants. L'ivrogne et l'ivrognesse s'*abrutissent* par la boisson, et ils *perdent* bientôt tout sentiment moral. Les pauvres sont à plaindre ; mais ils *doive* nous servir à exercer une grande vertu. Ici se *fabrique* diverses étoffes, *tels que* des foulards et des châles de coton (¹).

II.

N'oublie jamais que la prévoyance et la bonne conduite *préservent* du malheur d'aller à l'hôpital. Les eaux-de-vie, si tu en *abusais*, *deviendrait* pour toi dès eaux de mort. Il n'y a que les ignorants ou les superstitieux qui *attachent* quelque malheur au nombre 13 et au jour du vendredi. Fais en sorte, mon cher filleul, que ton père et ta mère *soit* fiers de t'avoir pour fils. Si la religion a des obscurités qui *serve* de prétexte, elle a aussi des clartés qui *ôtent* toute excuse ; on t'a éclairé, mon fils, tu m'*a* entendu sur cette vérité importante, à *laquel* tu dois réfléchir. Que *doive* craindre les méchants à la mort ?

III.

Les fautes, même légères des enfants, je ne les leur *passe* point. Tu n'ignores pas que la paresse et l'inconduite *conduise*

(¹) *Tel*, dans ce cas, s'accorde avec le nom qui précède.

tôt ou tard à l'hôpital ou sous les verrous. Tu dois plaindre et non pas haïr ceux qui *viole* insolemment la loi de Dieu.

Le cours majestueux des astres, l'enchaînement régulier des saisons ne *disent-il* rien à ton intelligence? Vois-tu avec l'indifférence de l'animal cette voûte immense d'azur, où *brille* des mondes innombrables? Qu'*aurait* dit de vous les honnêtes gens, si vous aviez manqué de respect et de reconnaissance envers vos maîtres qui vous *instruisent*? Que de personnes méprisables par leurs *vils* médisances et leurs *noirs* calomnies! Il est une habitude à *laquelle* se *laisse* entrainer ton neveu et ton gendre : c'est *celles* de boire de l'eau-de-vie à jeun le matin; prends garde de la contracter; car elle devient funeste.

IV.

Il ne faut rien faire devant les gens qui *semble* leur reprocher quelque défaut naturel. Il y a des moments de réflexion qui *accable* les incrédules, qui ne sont jamais aussi incrédules qu'ils le *disent*. C'est parce qu'ils *craignent* Dieu encore trop, qu'ils font semblant de ne pas le craindre. Réfléchissez à ce que *coûte* à vos parents votre éducation et votre entretien, et vous serez peut-être plus *sensible* à leurs soins. Si ce portemanteau et ce portefeuille *appartiennent* à vos belles-sœurs, remettez-les-*leur* de ma part, s'il vous plaît. Autant l'âme est au-dessus du corps, autant les biens de l'âme sont au-dessus des biens matériels; ceux-ci, sans ceux-là, *deviennent* presque nécessairement des agents de dépravation.

V.

Mon avis est que les enfants des campagnes *prenne* l'état de leur père, qui est un état tout fait. Ne *leurs* inspirez pas d'aller dans les villes, où l'encombrement des carrières *serait* peut-être pour eux un sujet de déception et pour la société une cause d'agitation. Si nous avons agi envers vos grand'mères comme nous vous l'avons marqué, ç'a été pour *leur* faire plaisir, à *elle* et à *leur* filles. Où se *puise* et se *perpétue* depuis tant d'années les préventions, les mensonges sur la religion? C'est surtout dans les cafés et les cabarets, où vous n'entendez sur vos croyances religieuses que des discours qui les combattent ou les *affaiblissent*. Dans quel état *serait* réduits les enfants, si leurs mères ne s'*étaient* dévouées pour eux dès le berceau? On est heureux par le témoignage d'une bonne conscience ; c'est là que se *trouve* la paix, le plaisir solide de l'âme, le bonheur.

NOTA. Nous ne donnons pas d'applications pour les règles des grammaires où il est dit que le verbe se met au singulier, si le sujet composé se termine par *rien*, *tout*, etc., parce qu'elles nous semblent dépourvues d'importance.

(Faites mettre les verbes suivants à la 1re personne du présent de l'indicatif.)

Il implore le ciel. Il endort mes enfants. Il concourt au bien public. Il laboure mes champs. Il promet de grandes choses. Il instruit clairement. Il entend nettement. Il plaint les malheureux. Il emploie des ouvriers. Il s'asseoit ou s'assied convenablement. Il ne ment jamais. Il coud des vêtements. Il me sert du vin. Il enterre mes trésors. Il ne hait pas mes semblables. Il dénoue cette courroie. Il parcourt les forêts. Il ouvre sa porte aux indigents (1).

(Faites mettre les verbes suivants à la 2e personne du singulier de l'impératif.)

I.

Réduire ou diminuer tes dépenses pour aider les pauvres. Ne point haïr les pécheurs. Craindre de descendre un escalier trop précipitamment. Balayer ce corridor. Ne jamais interrompre la personne qui parle. Avoir à cœur de surpasser tes condisciples. Ne pas décacheter les lettres d'autrui. Mettre ton plaisir dans tes devoirs. Dire souvent que les maîtres ne sont sévères, que parce que les élèves sont désobéissants.

II.

Ne pas dire de mensonges. Souffrir et attendre une vie meilleure. T'accoutumer à une vie simple et frugale. T'endurcir au travail de bonne heure. Travailler, faire ton devoir, et te confier en la Providence pour le reste. Ne pas t'enorgueillir de ton savoir : car ce que l'on ignore surpasse de beaucoup ce que l'on sait. Savoir borner tes désirs ; car avec peu de désirs on a peu de besoins. Ne pas te moucher avec tes doigts.

(1) Les verbes en *vrir*, *frir*, *llir*, comme *découvrir*, *souffrir*, *cueillir*, se terminent au présent de l'indicatif comme le verbe *aimer* : *je découvre*, etc.

III.

Ne pas détruire les oiseaux à bec-fin. Voir dans Jésus-Christ le modèle que tu dois suivre. Vivre et mourir en chrétien et compter sur une félicité éternelle. Ne pas épier tes camarades pour les dénoncer. Être toujours prêt à rendre service au pauvre comme au riche. Ne pas te coucher sur un terrain humide. Te souvenir des services que tu reçois de ceux qui t'apprennent à lire et à connaître Dieu.

QUELQUES AUTRES EXERCICES SUR LES VERBES.

I.

Je ne *veux* pas m'estimer plus que je *vaux*. Quelle perte ç'aurait ou c'eût été pour nous que votre départ! Quand tu auras le nécessaire, tu ne *demanderas* pas ou ne *prendera* pas le superflu. Si j'avais des richesses, je ne m'en *glorifierais* point. Tu *rejettras* les mauvaises pensées à leur naissance, ou tu *commettras* une faute devant Dieu. Si tu *serrais* mes effets, je *serrerais* les tiens. Tu *secourras* mes enfants et les *entoureras* de soins; s'ils *mouraient*, j'en *mourrais* de chagrin! Les uns servent Dieu et les autres le dédaignent; la mort *décidra* bientôt de quel côté *se trouve* les sages et les insensés.

II.

Tu ne *répétras* pas tout ce que tu *entendras*, et tu t'*épargneras*, je t'assure, bien des reproches et bien des chagrins. Tu *rachèteras* tes fautes par une meilleure vie. Quand tu auras trouvé des choses perdues, *cherches*-en les propriétaires, afin que tu les *leur rende*. Si vous *croyiez* sincèrement à Dieu, vous le *prouvriez* par une conduite digne de lui (1). Tu *répondras* un jour de tes actions et de tes pensées, souviens-t'en bien. La vie est le temps des semailles : la moisson *viendera* après, *penses*-y bien. Tu *échoueras* dans tes entreprises, si tu n'écoutes ni avis ni conseils. Je vous *payerai* mon loyer quand le terme en *écherra*. Vous ne vous *accoudrez* pas sur la table

(1) *Croyiez* est à l'imparfait : car, en le mettant au singulier, il faudrait dire : si tu *croyais*. Il faut un i comme dans son modèle au même temps, qui est *rendions*, ou d'après la règle de la formation des temps, qui veut le changement de *ant* en *ais, ions, iez*, etc. Même raison pour *défiez* : car en mettant la terminaison du verbe modèle, *iez* à la place de *ant*, on obtient *défiiez*.

en *mangeant.* Vous ne *découdrez* pas ce caleçon, dont je veux me servir encore. Si vous vous *défiez* à faire des tours de force, vous vous *romperiez* peut-être quelque veine ou vous vous feriez quelque autre mal, comme cela est arrivé à tant de personnes. Ne jugez que sur ce que vous *verrez,* et laissez à Dieu le jugement des intentions et des pensées. Ne négligeons pas la propreté sur notre personne. Je *t'enverrai* des fruits, *tel que* des pêches et des cerises fraîche *cueillie.* Ne nous *décourageons* pas à faire le bien, le ciel en est la récompense.

III.

Un des plus grands hommes ne *prononça* jamais le nom de Dieu qu'avec respect. *Ménageons* notre réputation et l'amour-propre d'autrui. Si tu *acquérais* de l'éducation, tu *acquérerais* l'estime publique. Si tu *acquiers* de la réputation dans ton état, sois bien persuadé que tu *acquerras* de l'aisance pour ta vieillesse. On *reverrait* son bienfaiteur avec plaisir, si l'on ne se sentait ingrat envers lui. Si tu aimes tes parents, *vas* au-devant de leurs désirs. *Va-t'en* où l'on t'envoie et *reviens* promptement. Pourras-tu prétendre au pardon, si tu ne pardonnes jamais? Il *envisagea* toujours la mort comme la fin de ses misères et le commencement de son bonheur. Si la prospérité nous *corrompt* et nous égare, le malheur nous *abat* et nous décourage ; la religion seule nous rend *maître* de nous-mêmes. Faut-il qu'un rien vous distraie? (et non distraise).

NOTA. Notre avis est que l'enseignement *écrit,* concernant l'orthographe des verbes irréguliers surtout, doit se compléter par l'enseignement *verbal* ou par des questions telles que les suivantes : Comment se conjugue *teindre,* au présent du subjonctif? *bouillir* au présent de l'indicatif? etc.

CONCORDANCE DU VERBE ET DU SUJET.

(Deuxième partie.)

1. C'est moi, a dit Jésus-Christ, qui *est* ou qui *suis* la lumière du monde, ceux qui me suivent ne *marche* pas dans les ténèbres. C'est bien toi, mon frère, qui *jette* la semence dans la terre; mais n'est-ce pas Dieu qui la fait croître? Sentant tout ce que je dois à ceux qui m'instruisent, ce n'est pas moi qui *se permettrais* de leur manquer en quoi que ce soit. Toi, mon enfant, qui m'*es* ou m'*est* si attaché, qui a le cœur si aimant, voudrais-tu affliger ta mère par ta désobéissance? Ce n'est pas moi qui, après avoir fait quelque bien, m'en *suis* glorifié, ni qui *s'en glorifiera* jamais. S'il n'y a que moi, Monsieur, qui *se sois*

plaint de vous, j'ai eu tort ; je vous en fais mes excuses (et non vous en *demande* excuses).

2. Moi qui *se* sent ou *me* sens enclin aux plus honteux penchants, m'aviserai-je d'avoir trop d'estime de moi-même ? Toi qui ne *t'est* pas conduit chrétiennement, comment admettrais-tu la religion qui te condamne ? N'y a-t-il que moi, mon cher ami, qui *s'applique* à vivre religieusement pour mourir avec sécurité ? Je ne vois que toi parmi nous, qui *te conduise* comme si tu étais sûr vraiment qu'il n'y a point d'autre vie. Est-ce toi ou moi qui *suivons* la voie qui ne laisse point de regrets ? On me traiterait d'enfant mal élevé, si c'était moi qui *se permit* ou *me permisse* de visiter quelqu'un à l'heure de ses repas, ou d'entrer chez lui sans frapper à sa porte. (¹).

SUR LE PARTICIPE PASSÉ.

1. Avec le dogme d'une autre vie, le malheur est *consolé*, la vertu *encouragé*, le vice réprimé ou *repentant*, la providence *justifié*, l'homme et le monde moral sont *expliqué*. Souviens-toi bien que ce ne sont pas les crimes du monde *évité* qui font le chrétien, mais les vertus de l'Evangile *pratiqués*. Le vice et la vertu se *trouve confondu* sur cette terre ; mais à la mort, le bon grain sera *séparé* de l'ivraie. Ne laisse pas *exposé* auprès du feu les petits enfants au berceau, parce que des étincelles peuvent jaillir sur eux et les brûler. Ne fréquentons pas les bois sans être *pourvus* d'alcali, si utile pour la morsure de la vipère, dont le venin est mortel.

2. Sois bien *persuadé*, ma sœur, que l'incrédulité des jeunes gens n'est ni *éclairé*, ni sincère, ni *désintéressée*. Les brillants papillons sortant de leurs tombeaux m'ont toujours *rappelés* ma résurrection future et mon immortalité. La sagesse et la justice divines ne seraient-elles pas *violés*, si le néant était la seule peine des méchants ? Cent vingt millions d'esclaves couvraient et labouraient l'Europe à la mort du Sauveur. Qui les a *affranchi* en détruisant l'esclavage ? Ce sont ses ministres en faisant pénétrer partout les principes de liberté, de fraternité et d'égalité qu'ils avaient *reçu* de leur divin maître. Que la mort est terrible pour ceux et celles qui sont *attachés* à la terre, ou qui ont mal *vécus* ! Que d'enfants se sont *noyé* pour s'être *baignés* dans un état de transpiration ou trop tôt après avoir *mangé* !

3. C'est par la foi en Jésus-Christ que s'est *répandu* dans le monde la morale évangélique ; c'est la croix à la main qu'elle a été *préchée* : c'est en regard de la croix qu'on l'a *pratiqué*. Partout où a été *planté* la croix, ont *germés* les vertus et *fleuri* la civilisation, même au sein des déserts ; partout où elle a été *arraché*, ont reparu la barbarie et l'ignorance, même au sein des villes. Ne séparez donc jamais la croix

---

(¹) Il faut *permisse* et non *permette* : car, si l'on employait une construction plus briève, mais équivalente, on serait conduit à faire usage du correspondant de ce temps, c. a. d. de l'imparfait et non du présent de l'indicatif. On dirait : on me traiterait de... si je me *permettais*, etc.

ou la rédemption de la morale de l'Evangile. Si vous n'aviez *aspiré* le bien que pour être *loué* des hommes, mes enfants, vous auriez *reçu* votre récompense : il ne faudrait point l'attendre du souverain Juge. Que de personnes ont *péris* pour s'être *réfugiés* sous un arbre, quand il pleuvait et tonnait ! Quelle chaleur il a *fait* les jours que j'ai *passés* chez vous ! Vos mains et votre visage *doive* être *lavé* tous les jours.

4. *Né* pour la vérité, nous devons avoir des moyens de la connaître. Devons-nous, après cette vie, trouver le malheur ou la félicité ? Dieu nous a-t-il *laissé* dans l'impuissance de le savoir ? Non assurément. Aussi, y a-t-il toujours *eu* des milliers de personnes qui en ont été *persuadés* comme de leur existence même et qui ont *réglé* leur conduite là-dessus. Reste bien *convaincu*, ma nièce, que jamais on n'a *prouvé* et on ne prouvera jamais que Dieu est injuste en mettant l'homme dans la possibilité de se choisir à son gré une destinée éternellement heureuse ou malheureuse. La vieillesse est heureuse quand la jeunesse et la maturité lui ont *préparés* du bonheur. Quand on m'a *repris* de mes fautes avec bonté, disait une reine, je ne m'en suis jamais *plainte*. Au contraire, j'ai remercié.

5. Si je *fus* ou *fusse né* pauvre, disait une princesse, je ne m'en serais pas *crue humilié*, parce que le Sauveur du monde a *relevé* la pauvreté en se faisant pauvre volontairement, comme il a *honoré* le travail en travaillant lui-même. ([1]) Qu'il est difficile et rare que l'on se repente sérieusement à la mort des fautes que l'on a *aimés* toute sa vie ! Peut-on ramener aux principes religieux ceux qui ne discutent jamais que pour se justifier de les avoir *violé* ? Tous ceux qui ont *profités* de la gêne d'un malheureux pour acheter son travail moins qu'il ne valait, ont *commis* une mauvaise action, quoiqu'elle ne soit pas *défendu* par la loi. On vous avait *crue* coupable, ma nièce : mais je vous ai *disculpé*. Les animaux que vous avez *vu* souffrir, les avez-vous *vu* soulager ?

6. La religion invite à l'examen ; elle le commande même : car, si elle se sent *blessée* par l'orgueil du blasphémateur, elle ne se sent pas *honoré* par les hommages d'une stupide crédulité. Elle repose sur des fondements inébranlables que vous avez peut-être *négligé* d'étudier. Aussi, n'ayant pu répondre aux objections que vous avez *entendu* faire contre elle, votre foi s'en est *ressentie*, et par suite votre conduite, soit morale, soit religieuse. Que de peines j'ai *eu* à supporter pour toi, ma fille ! ([2]) Que de dangers j'ai *courus* ! Que de contretemps il m'est *survenu* ! Il est impossible de trouver ailleurs que dans la religion des motifs assez puissants pour porter l'homme si égoïste à préférer l'intérêt général à l'intérêt particulier ; parce qu'elle seule, en lui demandant un tel sacrifice, lui demande *le moins* en lui promettant *le plus*.

([1]) *Fusse né* est au plus-que-parfait du subjonctif : car on pourrait mettre à sa place son correspondant le plus-que-parfait de l'indicatif, et dire : si j'*étais né*, etc. *Fus né* serait incorrect.

([2]) Faut-il écrire *eu* ou *eues* ? L'usage est partagé. On peut donc faire varier ou non sans incorrection.

7. Vous êtes vous *reprochés*, Messieurs, d'avoir *affaibli* la foi dans le cœur de vos semblables, c. a. d. de les avoir *privé* de ces trésors d'espérance, de courage et de résignation, biens si précieux dans la pauvreté et les tribulations de cette vie ? On vous a *pris* pour une personne mal élevée, ma fille, parce que maintes et maintes fois on vous a *vu* traiter vos domestiques avec dureté et arrogance. Que de savants on a *entendu* reconnaître à la mort qu'ils n'avaient jamais été incrédules de bonne foi ! Vous êtes-vous *donnés* pour nous, mes enfants, autant de peines que nous nous en sommes *donnés* pour vous ? Ne rapporte jamais les propos que tu auras *entendu* débiter sur le compte d'autrui ; tu t'épargneras bien des ennuis (et non tu t'éviteras). Combien ont *péri* ou sont *devenus* infirmes ou malades, parce que, ayant chaud, ils se sont *refroidi* trop subitement, soit en buvant de l'eau froide, soit en s'arrêtant dans un lieu frais !

8. Sois bien *persuadé*, ma belle-fille, que Dieu agit sur notre cœur, ou se fait sentir à nous d'autant plus que nous le prions davantage, et que c'est-là un des plus grands bienfaits ; c'est celui par lequel nous profitons de tous les autres. Les années que tu as *vécu* sans religion, dis-moi si tu les as *passés* sans remords ? Cette voix intérieure qui s'est *élevée* contre toi, comment as-tu *cherché* à l'apaiser ? N'est-ce point par l'impiété de ton langage, plutôt que par l'innocence de ta vie ? On l'a *traité* d'orgueilleuse, ma fille, parce que dans la conversation c'est toi qui *veut* toujours avoir le dernier mot. Que de gens se sont *attirés* des infirmités ou des maladies pour s'être *habitué* aux liqueurs fortes et en avoir *abusé* ! Que de grêle est *tombé* dans notre vallon ! Que de dommages il en est *résulté* pour notre pays ! Quelle perte ç'a été pour nous !

9. Dieu nous a-t-il *faits* pour nous damner ? Non certes. Mais aussi nous a-t-il *crée* pour que nous le dédaignions et l'offensions ? Pas davantage. Eh bien ! ma nièce, tu te moques de lui en le dédaignant et en l'offensant, quoiqu'il ne t'ait pas *fait* pour cela. Il se moquera de toi à son tour en te dédaignant et te damnant, quoiqu'il ne t'ait pas *créée* pour cela. Avant de condamner Dieu, sois assez juste pour te condamner toi-même. Ta marraine s'est *laissé* tomber. Ma sœur s'est *laissé* tromper ; on l'a *pris* pour dupe. Je vous ai *donné*, ma fille, toute l'éducation que j'ai *pu* : heureuse, si l'on vous a *appris* à résister au monde plutôt qu'à lui plaire ! Où en serions-nous si Dieu nous avait *envoyé* autant de fléaux que nous en avons *mérités* par notre indifférence envers lui ?

NOTA. Nous cessons ici nos exercices, parce que nous pensons qu'arrivés à ce point les élèves sont en état de recevoir les dictées du maître.

FIN.